Reader's Digest

LARGE PRINT
Religious
WORD
SEARCHES

SH... ...RS WHILE YOU INSPIRE YOUR CHRISTIAN SPIRIT!

Enjoy hours of mind-stretching fun with 100 inspirational large print religious word searches that are easy on your eye, as well as challenging for your brain!

HOW TO DO THE WORD SEARCHES IN THIS BOOK

- To complete the word searches in each section, you must find hidden words within a **grid of letters**.

- All words are hidden **vertically**, **horizontally** or **diagonally**—in both directions, so the letters of the words can run either forward or backward.

- To make things more **challenging**, not all the letters in each grid will be used, although some can be used twice!

- If the going gets too tough, all the word search solutions can be found at the **back of this book**.

- You'll be given a list of words to find with every word search, and each puzzle is based on a **religious theme** appropriate to the section it's in.

- In some of the lists, you might find words in **parentheses**. The words in parentheses are not in the puzzle grid, so it's not necessary to look for them. They are in the lists to enhance the understanding of the **Christian subject matter** pertinent to the word search theme.

TABLE OF CONTENTS

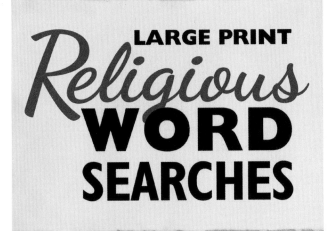

Section 1
BIBLICAL LIFE and *Times* .... PAGE 2

Section 2
EVERLASTING *Love* .... PAGE 24

Section 3
HEAVEN and *Earth* .... PAGE 46

Section 4
FAITH, HOPE and *Charity* .... PAGE 68

Section 5
THE WORD of *God* .... PAGE 90

ANSWER PAGES .... PAGE 112

BIBLICAL LIFE and *Times*

OVER 2,000 YEARS have passed since the Old Testament was written down, and nearly as much time has elapsed since the New Testament first appeared. Although basic truths in the Scriptures remain clear, many of the customs, tools, occupations, household implements and foods mentioned in the Bible may be unfamiliar to us today.

The word searches in this section try to shed light on some of the fascinating everyday aspects of biblical times. By bringing into focus some of the details of daily life during the time of the patriarchs and prophets, a more vivid picture springs forth to help enhance our experience and understanding of the Scriptures.

> "Therefore do not worry about tomorrow, for tomorrow will worry about itself. Each day has enough trouble of its own."
>
> —Matthew 6:34

DINNER DURING BIBLICAL TIMES

"Better is a dinner of vegetables where love is than a fatted ox and hatred with it," advises Proverbs 15:17. An important daily meal, dinner was eaten in the evening, after work. Usually a common pot containing a vegetable stew was placed on a mat or table. The family gathered around it, scooping the stew with pieces of bread; cutlery was rarely available. Fruit followed. The wealthy dined more elegantly, and dinner guests were common.

BIBLE DEFINITIONS

ANT In the Bible, a symbol of industry and foresight

HEADBAND A strip of metal, such as gold or silver, worn as an ornament on the head

MATTOCK A tool similar to a modern hoe that was used to break up soil, typically made of iron, with a wooden handle

PEASANTRY Small landowners or farmworkers living in a rural, rather than an urban, setting

QUIVER A bag, often made of leather, designed to hold arrows, typically worn over the shoulder

SILAGE Feed made for livestock

SPONGE The porous skeleton of a type of marine animal, commonly found on the shores of the Mediterranean Sea

SQUAD A group of four soldiers who took charge of one of four watches of the night

TAUNT-SONG A song of mockery

TRIREME Ancient Greek galley ship that had three rows of oars

WAISTCLOTH An undergarment made of cloth and worn around the loins ▪

Q *How was hair styled during the Old Testament?*

A *In early biblical times, men and women wore their hair long. Barbers existed, but they apparently trimmed hair rather than cut it short. Absalom had hair so long that each year he cut off "two hundred shekels" (2 Samuel 14:26)—about six pounds. Samson wore his long hair, the source of his strength, in seven braids (Judges 16:13).*

☺ Amen to That!

I was telling my three boys the story of the Nativity and how the Wise Men brought gifts of gold, frankincense and myrrh for the infant Jesus. Clearly giving it a lot of thought, my six-year-old observed, "Mom, a Wise Woman would have brought diapers."

THE *Apostles*

Jesus chose his disciples, "whom he named apostles." The names of the 12 are given (with some variation) in Mark 3:13–19, Matthew 10:1–4 and Luke 6:12–16.

```
J F A Q U S R Q M Y B Y V N F
B K N Z D F R V W E H T T A M
S A D R L V N U Y H R A X M J
A E R N E B J Y Q Y Q P W A P
M L E T C M S O Q A N I M H L
O G W F H K S U O A S E I J D
H D R W R O Y W E I S L G A B
T I J E H U L D M A I I H F H
C C T O U H F O I P D R P L I
J E A V A S N A M D R D I S W
P Z Q N A M L W F E G H A S B
E A H D A Q O O E D W I D H X
R O U F Y L K J Q T R N Y K T
J J V P Q Z S R G L S E M A J
```

MATTHEW

BARTHOLOMEW

SIMON (the Zealot)

JAMES (son of Zebedee)

ANDREW

PHILIP

THOMAS

JOHN

PETER

JAMES (son of Alphaeus)

JUDAS (Iscariot)

THADDAEUS

MAJOR *Events* IN THE BIBLE

Because it is the "greatest story ever told," the Bible's narrative relates many major events. Here are some of the most important ones.

```
N O I T A R E L I X E N A R T
R R A R E P P U S T S A L V O
E I C E A U U H D A S L L A F
S G A D C G S P F C E H V N H
U I D I U R E U E Q S N O D R
R N F J N W E N R U O I Q J E
R A N E C Z S A B I X V J P U
E L O X A I Y G T I C C Z W G
C S M M O Z N A F I D T Q K A
T I R N L I T I A Z O O F C L
I N E J N P C N H T A N O Z P
O A S R M U B A P T I S M L Y
N S U E R U B E T R A Y A L F
Z B T C L N O I T P M E D E R
```

CREATION   RESURRECTION   FALL   LAST SUPPER
FLOOD   ASCENSION   ORIGINAL SIN   BURNING BUSH
PLAGUE   CRUCIFIXION   REDEMPTION   TEMPTATION
BAPTISM   BETRAYAL   SERMON   EXILE

WHO'S WHO IN THE *Bible*

The Bible is filled with interesting people and amazing stories. This word search contains the names of some people who are referenced in Scripture.

```
M S S B G I S A I D O R E H Y
B A X D I I I I A H A J I L E
S N T S H T Y B S G Q H F X J
U K A T R N R W T H F H Y J E
R J S T H A M K H L M J P H R
A J J S H E L H K A L A F P E
Z S G A U A W E C N I E E Q M
A N M A S I N N U A X D M L I
L S I I B H L I O N R M A P A
C I H P P R W E E M O D X B H
S L O E P A I S N L O E A I O
E S S D U I N E P R A L D H H
R O A U I U Z V L V O N O I S
J G P T I B E R I U S C C S G
```

GABRIEL	OBADIAH	ABRAHAM	HERODIAS
JEREMIAH	JOSEPH	CORNELIUS	NATHANIEL
ISHMAEL	TIBERIUS	ELIJAH	LAZARUS
MATTHEW	SOLOMON	GIDEON	SHADRACH

BIBLICAL *Professions*

The occupations of numerous people are mentioned in the Bible. Sometimes they are relevant to the story being told or the profession of the person is mentioned in passing. Here is a sample.

```
V B B X T R E L E W E J A R H
Q A O W L A N R E V A R G N E
S R A H Z R N A D T S Z U Y F
W B T J P X V N R J Y H H I G
O E B N L E U J E X Y O S E O
A R U L R Z L E O R J H D J G
N Q I X Q U J Z E H E U D G S
S N L Z H V G T R R B K O O C
I G D V T R N E M J U Y L G I
M F E E E E T A J N T G H Z R
W W R T P N N K O O L U T U E
Z H R R I M O X L S E G I Y K
S O A A G H O M X A R F M K A
P C P T A I L O R M X Z S C B
```

CARPENTER   BAKER   COOK   JEWELER
FISHERMAN   BUTLER   PORTER   BARBER
TAILOR   BOAT BUILDER   TANNER   PAINTER
WEAVER   ENGRAVER   MASON   SMITH

Moms AND Dads OF THE BIBLE

Exodus 20:12 tells us to "Honor your father and your mother, so that you may live long in the land the Lord your God is giving you." Parents are prominent in Bible stories, and this word search contains some of them.

```
M T J W J R M P M E P F R J N
Z A K A T S C X X F D P J O E
E X R K C B Z D N M J B A M U
B J G Y E O Q B X X Q H D T B
E S A N X I B Q H R I W A N N
D B A R Z T U A G A I S M C W
E Y Z U T K N U B U A B E R R
E O X E L N H E V I E Z E U W
O L D R A U H F R L Z X T S W
T B D H C S J A P A E H X E W
M V D A H H H H A E Z H W V E
Z O A T A C D G M B W O C E M
N S A E A H A K E B E R S A T
I B L Z U H X J V H Q Q R U R
```

ADAM	NOAH	ISAAC	MARY
EVE	REBEKAH	HANNAH	BATHSHEBA
JACOB	ZEBEDEE	ZACHARIAS	SAUL
LEAH	HAGAR	RUTH	RACHEL

FAMOUS *Children* OF THE BIBLE

The Book of Genesis recites the descendants of Adam and Eve, but there are extensive numbers of descendants of people from the Bible. Here are some of the more well-known children whose lineage is recorded in the Bible.

```
Y I J O S E P H K Y Y X Y I U
A B E D N E G O E A I Q I T A
C X U N V B N T C P B S D B M
S P K Y R U J J X M H R E I U
G R Q M F P S P G M H L R Y Y
M H A U A H H G A C X I I A P
A O C H A G M E A L A N I A C
F D W I E S L R H M E L Z Z R
C A S Z U D D C K P S I G Z I
I O V U D A A U O O S E N S P
J E T I H H A V T J I U S A V
Q S V S S B B V C U E G S O D
M A B E N J A M I N W P L E M
D H M R Q B I I S A A C R C J
```

CAIN

ABEL

ISHMAEL

ISAAC

MIRIAM

MOSES

JOSEPH

BENJAMIN

DAVID

JOSIAH

DANIEL

MESHACH

JESUS

RHODA

SHADRACH

ABEDNEGO

Animals IN THE BIBLE

Researchers at a British university discovered that Noah's Ark could easily house 70,000 animals if it was built according to the specs listed in the Bible, although the Bible does not list the animals that Noah brought on board. Here are some of the animals that are actually mentioned in the Bible.

```
L S K J S T X F T N E P R E S
E D P C C H K Z W Q U X O F C
O B O O W R E L G A E W O T D
P K H G P U W A I I Y L E T P
A F C I R H I F S N L W Q R B
R E G F R K P E P O L E T N A
D E Y E J A W B C U I N L J P
C S V E S Z V U U J G S K N W
N R K H E I S E P K K E C W O
D O V E V T O D N J E W L S L
L H D I L T W T X S E L A U F
F I S H O A Y U R H R M A H M
B L I O N O Q B U O A X A H E
Q X D Z H G X O H N T I K H W
```

HORSE	MULE	TORTOISE	LION
ANTELOPE	WOLF	DOVE	EAGLE
LEOPARD	RAVEN	FOX	HAWK
DOG	OX	GOAT	SERPENT
LOCUST	WHALE	FISH	

BIBLICAL CLOTHING AND *Adornments*

The Bible does not provide us with comprehensive knowledge of what clothing and other adornments were worn by men and women in everyday life during biblical times. Nonetheless, we can glean details from some references, and these items can be found in this word search.

```
T S B E L T R F Z U C I N U T
E A R R I N G S K Q G C K T U
D T A H Z A E S H E L K C U B
S A C K C L O T H D V R C S T
X A G T M A K L T A E Y F O B
W P D Z A D E I W S I T L R Q
I R E R B S F Q R F L X A H Q
E O L Z L B S I S E W C E G C
M N T F B E T E H L E E B O R
U Q V E S K E I L L A X T Y L
F B J R F A L V E S S D Y D Z
R C U Z R O K T X G Q G N I R
E P G Z G L N O N N H Z E A M
P P R V N C A V P V K X S M S
```

SACKCLOTH   CLOAK   BELT   PERFUME

ROBE   VEIL   TASSELS   RING

SANDALS   BRACELET   BUCKLE   EARRINGS

PURSE   TUNIC   ANKLET   APRON

BIBLICAL *Archaeology*

Biblical archaeology is a term used to refer to investigations of physical remains from the historical past that can illuminate the periods described in the Bible. The words to be searched in this puzzle are either important archaeological discoveries related to the Bible or other significant excavations.

```
R L G D A B E H S R E E B S M
M O E N C J J I O G S D L O A
M F S L A C H I S H Y L A L Q
H E Z E K I A H D T O B K N J
G A D Q T V H D T R I H G E D
E E S E K T E S C T A W R J Q
E R Z M E M A S E Z N U R N G
L Z O E K F A S N M S O H I I
I N O R R E T E T A A R R M R
L N A Z S O H R L O V G G K U
A S Z D N C E E D V N J L Q E
G H A E L Q M E P L G E O I G
F E L F B E A I R A M A S J G
D K W M L M T L I T L D K U I
```

ROSETTA STONE	HEZEKIAH ('s Tunnel)	EKRON
GILGAMESH	SAMARIA	TEL DAN (inscription)
AL-KHAZNEH	JERUSALEM	MOABITE STONE
GEZER	BEERSHEBA	LACHISH
GALILEE	DEAD SEA SCROLLS	

BIBLICAL *Rulers* AND COUNTRIES

While Egypt was ruled by the Pharaohs and Babylon by King Nebuchadnezzar, many kings and queens and the countries they ruled are mentioned in the Bible. Here are a few other names to consider.

```
W X B Z F N W H E C A D N A C
B S P I W X V U L E B E Z E J
J A W E T A N X M J R F F H Z
O U B J R E F K B D Q C V E T
S L I Y O S V X V F Q Q F R S
I K Q D L H I C P J X H Z O D
A T B G H O J A C X A N L D Z
H F X O L B N K N O M O L O S
N Z M D Q C X M J R H A D U J
A P N T B S T T R D Z B D Y K
A K I G U O P J A I R Y S S A
N K J R Z Y R B I W A Y Q R K
A C Y O G F N E D G A C M K Y
C C E E R E S E N A M L A H S
```

NERO	CANDACE	SAUL	JOSIAH
BABYLON	ASSYRIA	PERSIA	EGYPT
CYRUS	HEROD	JEZEBEL	SHALMANESER
OG	JUDAH (Judea)	SOLOMON	CANAAN

Old Testament BOOKS OF THE BIBLE

Beginning with Genesis, which relates stories of Creation, the Great Flood and the patriarchs, and ending with Malachi, which includes the prophecy of the coming of Jesus, the King James Version of *The Holy Bible* contains 39 books in the Old Testament. Here are some of them.

```
J P L O Y B O W E V D R H X E
L R R B P S W Z X K E M P C M
O A U O P W Z H O X U A C I X
B D M T V X E R D V T L L B F
A S C E H E N I U F E F J A J
D E D P N O R J S S R S R O S
I L G T P T N B I F O P B D U
A C H K X O A A S S N S X B C
H I A S S G S T R A O A T T I
A N N O G T C E I T M L Y I T
I O O X E N B K B O Y M A A I
A R J S X M I R I Z N S I W V
S H H H U J A K F Q C S H O E
I C J N N Z E C H A R I A H L
```

EXODUS	RUTH	PSALMS	LAMENTATIONS
LEVITICUS	KINGS	PROVERBS	OBADIAH
NUMBERS	CHRONICLES	ECCLESIASTES	JONAH
DEUTERONOMY	JOB	ISAIAH	ZECHARIAH

New Testament BOOKS OF THE BIBLE

Beginning with Matthew, which relates the genealogy of Jesus, his birth, life, Crucifixion and Resurrection, and ending with Revelation, which is a prophetic consideration of things to come, there are 27 books in the New Testament. Here are names of some others.

```
T H E S S A L O N I A N S R U
J A M E S Q C T I M O T H Y P
V T Q G S A X C C B M S J E G
L I I W B N B O D O J T T C P
E X B T J M A C C W T E Q C T
N P B L U S J I T O R Y P Q A
U L H I B S N E H X O N H O J
M S X E D T D A K T W F K T C
Q W V H S P H T I U N O U D T
A E N Y N I Y F L T L I E D J
K R Y W A U A A O I A L R U T
R B N T M E Q N X N V L D O G
A E S I O G D I S A D E A U C
M H J U R U U Y U F W D X G O
```

MARK	ROMANS	THESSALONIANS	JAMES
LUKE	CORINTHIANS	TIMOTHY	PETER
JOHN	GALATIANS	TITUS	JUDE
ACTS	EPHESIANS	HEBREWS	

Cities OF THE BIBLE

Although Jerusalem is known as the "Holy City," the first mention of a city in the Bible is that of Sodom, while Damascus is one of the oldest existing cities in the world. There are well over 200 cities mentioned in the Bible—can you find those listed in this word search?

```
N B A A O Z M E H E L H T E B
A A N T I O C H W S U S R A T
Z T X S Q N F B I E I W Y X M
A A L Y X P R H M I A N C O J
R R E D C B E O A F A T U E M
E A B Y N V R S H N N R G A
T R B C E B I V T O T I J T C
H A G N Q S F E I C C W H Q F
I T I B T H B Z A H P E Y V G
W N J N Z E T R O G N U P W L
E U U X I N M Z T S G A C Y F
I O V K U E A F C W W Q N Q C
M M R O L N O L Y B A B P A K
M Q M J M V C I H T N I R O C
```

MOUNT ZION   NAZARETH   BABYLON   JERICHO

ATHENS   BETHANY   MOUNT SINAI   NINEVEH

BETHLEHEM   ROME   ANTIOCH   CANA

MOUNT ARARAT   TARSUS   CORINTH   MOUNT CARMEL

MONEY, WEIGHTS AND OTHER *Measurements*

Interesting aspects of early civilizations are the terms used to describe various measurements. From "denarius," which was about one penny and equal to a day's wage, to "shekel," which described a unit of weight equal to about one-half ounce, Bible terminology is fascinating. Here are some other terms.

```
E L U K A S Y S F F W E C A P
D F Q D Q O X T I B U C Q V L
Z I O S A Q T H H B D U M O R
H R K G H Y L P E J A J V E X
I K H O X T S Q G D Y X E N H
N I M C L U D J R P P D A O O
T N I A I N X A O F B P M L G
O O X B Q D N Z E U S E R K J
B H P S W S G L P R R V G X C
V M U K G G D F E Y B N E N I
D R A C H M E G E N E D E E R
M A N E H G N L A H R M N Y A
P F S U I I B P Z A W P L A D
M Z S U F D S N A S E A H R H
```

QUADRANS	HANDBREADTH	REED	PACE
SPAN	DARIC	DAY'S JOURNEY	HOMER
DRACHME	MANEH	SEAH	FINGER SPAN
FIRKIN	CUBIT	HIN	CAB

Villains OF THE BIBLE

Facing off against our Christian superheroes, there is no shortage of villains, ne'er-do-wells and traitorous schemers featured in stories from the Bible. The exploits of our heroes opposing these scoundrels and sinners help to teach us how to stay on the right path and steer clear of making bad choices.

```
N E A T H A L I A H Z Z A R B
Q Z H O W W G W Z A H A V A X
D G L S C X G G D O E G R W C
Z E T O A S X H H V B A M A V
A S L Y V P R V Q T B B I I T
W N Z I Y W I A M B A A A C I
H R J L L B V T A E P I V H O
E W Z E T A U S N H M Y L O A
S B C E Z N H P A A V O J O C
S N U G I E K S D H D U L G G
A A I B Y T B C U L F O P A K
N M A A B I M E L E C H R Q S
A A B U C H A D L N Y U S E H
M H S A T A N S U B V D C Z H
```

SATAN   ATHALIAH   CAIAPHAS   MANASSEH
DELILAH   BARABBAS   JEZEBEL   ABIMELECH
DOEG   SALOME   HEROD ANTIPAS   AHAB
GOLIATH   HAMAN   AHAZ

RIVERS AND *Waterways* IN THE BIBLE

Although the Nile, the Tigris (Hiddekel) and the Euphrates rivers played critical roles in the biblical world, there were many other waterways that also helped to shape the territories and boundaries of early Christian civilizations. See if you can find all of the listed waterways in this word search.

```
C H E B A R L G U N O H S I K
V J L Z E S E S P G N O N R A
A D E N A E N A R R E T I D E M
D H A L Y S W J M A T S A P P
G H Z E P I S O N J Z L D C H
I H Q G A C W M Z D A Q K F A
H D R N S L F K I D K A T R
O B A Z N Q D A N T F I N D P
N B R W I R I N N S A W A A A
A X O F X N E F I R A E H Q R
D D R C D L E R O T E V I A B
R Y A A L L G E D W E T A F Q
O D Z I I I O M Z G A A E H V
J B M N T C V I A L M K L R A
```

JORDAN	NILE	AHAVA	ABANA
PISON	ARNON	HALYS	CHEBAR
GIHON	KANAH	KISHON	PHARPAR
TIGRIS	ETERNAL	MILLENNIAL	MEDITERRANEAN

Foods FROM THE BIBLE

The foods that are mentioned in the Bible comprise—or at least what we consider today to be—part of a typical Mediterranean diet. It is a diet widely thought to be one of the most healthy and sensible eating plans, because it features fresh and good-for-you foods.

```
U N U T S P N J B R E T A O G
L U L D W Q R B Y P Q A E L A
P E D S E T A N A R G E M O P
U W N Z W Q H L H R K V D N W
R U R T A C O R N B L S Y G S
K K Z G I Q H A T M Y E G W S
Y M B C Q L G C M J L V Y I W
H C Q S N S S M T J K H T X F
S R H I D D W J W S Y M K G D
I Y O E U N S R E B M U C U C
F L E Z E D O V T Z V B F I V
J D R N Z S I M Q E R B M I U
Y K Y X O L E K L P V U Z A W
E G G S O H T Q C A K L I M L
```

HONEY	POMEGRANATES	CHEESE	NUTS
ALMONDS	CORN	LAMB	BARLEY
OLIVES	FIGS	EGGS	LENTILS
FISH	MILK	GOAT	CUCUMBERS

Musical INSTRUMENTS IN THE BIBLE

Although there are some we may not be familiar with today, musical instruments abound in the Bible. From a "sackbut," which was a harp-like instrument that could be attached to a musician's waist so he could walk as he played, to the "dulcimer," a stringed instrument, these no doubt created heavenly sounds.

```
D R U M H L B F E H G A H M M
J U P L B Y B E T E P M U R T
C E L T U R S T E N A T S A C
P W C C I E L G B J K S S B S
T F O C I T I M B R E L Z V C
G Q R P P M D D S W Z O L E B
Y P N P S N E N J Q U H J E S
R R E A E Y H R H Z T S L L U
E R T M G E D C N U U L Z I E
T E N Q P R A H B R S A T S T
L H A X W A E K Q Y O B M Q U
A T G M Z H C R L G J M Y A L
S I R E T A H C Y N U Y B R F
P Z O W S Z R C L E V C D X W
```

CYMBALS   CASTANETS   ZITHER   ORGAN
DRUM   FLUTE   CORNET   BELLS
HARP   DULCIMER   SACKBUT   TIMBREL (tabret)
TRUMPET   LYRE   PSALTERY

PLANTS AND *Trees* OF THE BIBLE

The language of the Bible is vivid and rich with fascinating descriptions of everyday people and the landscape they lived in. Although agriculture was an important occupation during biblical times, decorative plants and trees were also a significant part of the backdrop of biblical life.

```
Z M V A Q D Q S X S N R O H T
L I L I E S M E J B I U L E W
M A R I G O L D O Q Z O N F O
U H G X T P R F V E U E S O R
M W C E H B T E K A R D N A M
Z P R D I B B C D W O L L I W
G O A G S Y B D G N N E O L E
S P D T T J R E O G A B O E N
S O E J L O T R A O I I F L B
E S C S E N Q L E L W B R E A
R S Y L X J T D T B G M T O Y
P Y X H N N Y E T M L E R W C
Y H C H I R Y E O S G U F O D
C J T M A Y F R I U J F M G W
```

LILIES	CEDAR	WORMWOOD	THORNS
THISTLE	ROSE	MULBERRY	CYPRESS
REED	CORIANDER	HYSSOP	MINT
ALOE	MANDRAKE	MARIGOLD	WILLOW

PEOPLE WHO MET THEIR *Demise* IN THE BIBLE

Like any great story, there are many dramatic moments in the Bible, including deaths that were not from natural causes. From Sisera, who had a long spike driven through his brain, to Uzzah, who died when he tried to touch the Ark of the Covenant, see if you can find all of these whose deaths were recorded.

```
J O H N T H E B A P T I S T S H
S U Y A L S P Y E N T L E B A
A A D I V O I G R N O S M A S
U U B A W C T S V G S U S E J
M X G S S I J A E E O J Z H W
E V O N A I S H S R U U C L V
L A F X A L S K M W A H C E U
A B R R V C O C H E I R D B M
M X B I G H H M A T W F M E G
R Z Q K H H T A W R A B E Z Q
S A U L A P A O N V I I X E L
J S W Z Z Y P F B I L O L J W
H H Z Y P Z S A R A E Z T O Y
T U L U Z A M A S A N S P Y G
```

JEZEBEL

UZZAH

SAMSON

ABSALOM

ACHAN

SISERA

SAUL

AMASA

NABOTH

ABEL

JOHN THE BAPTIST

GOLIATH

JESUS

SAPPHIRA

JUDAS ISCARIOT

EVERLASTING *Love*

THE BIBLE IS FILLED with love: the importance of love, God's love for believers, believers' love of God, love for each other—in fact, everything we do must begin with love. In the first letter of John, he criticizes those who claim to love God while neglecting their fellow beings. This, he asserts, is an impossibility because God Himself is love, and the love individuals show to their neighbors is evidence of God's presence within them. "Let us not love in word, neither in tongue; but in deed and in truth" (1 John 3:18).

The word searches in this section shed light on love and Christian relationships within the family and in society. Much has been written in the Bible about love and mutual respect, and certainly the ultimate definition of love can be found in 1 Corinthians 13:4–8, illustrated on the next page as the "10 Characteristics of Love."

> "My command is this: Love each other as I have loved you."
>
> —John 15:12

Amen to That!

When our minister and his wife visited our neighbor, her four-year-old daughter answered the door. "Mom!" she yelled toward the living room. "God's here, and He brought his girlfriend."

10 CHARACTERISTICS OF LOVE

Love is **PATIENT**.

Love is **KIND**.

Love **DOES NOT ENVY**.

Love **DOES NOT BOAST**.

Love **PROTECTS** and
DOES NOT DISHONOR others.

Love is **NOT SELF-SEEKING**.

Love is **NOT EASILY ANGERED** and
KEEPS NO RECORDS OF WRONGS.

Love **DOES NOT DELIGHT IN EVIL**
but **REJOICES** with **THE TRUTH**.

Love **BEARS** all things, **BELIEVES** all things,
HOPES all things, **ENDURES** all things.

Love **NEVER ENDS**.

Q *What were the most important commands of Jesus?*

A *To love God supremely and to love others unselfishly. It is essential advice to remember that Jesus' crucial message is one of genuine love and that we should always use his instruction as motivation and guidance.*

BIBLE LOVE FACTS

- *Famous Bible Couples*: Adam and Eve were the first couple, while Joseph and Mary were the legal father and actual mother of Jesus; Amran and Jochebed were the parents of Moses, while Zacharias and Elizabeth were the parents of John the Baptist.

- *The word "love"* is mentioned 310 times in the Bible—131 mentions in the Old Testament and 179 in the New.

- *Love Defined*: 1 Corinthians 13 covers the subject of love in defining verses. These passages use the word "agape." It is a Greek term (ἀγάπη) that interprets it as "the highest form of love, charity" and "the love of God for man and of man for God."

- *Kinds of Kisses*: A kiss could be a gesture of love, friendship or worship in the Bible. To signal respect, a person might kiss a leader's hands and feet. Early Christians greeted each other with a "holy kiss" that signified the love filling the entire community.

THE DOS AND DON'TS OF *Love*

1 Corinthians 13:4–7 are most beloved and frequently quoted Bible verses on the subject of love. In these passages, the Apostle Paul is enlightening worshipers about what love is and what it should not be. Look for the words found in this reading, popular at wedding ceremonies.

```
Q  K  I  N  D  S  P  P  R  O  U  D  B  G  E
G  K  B  E  P  A  T  I  E  N  T  W  N  A  U
V  N  S  V  E  J  G  M  W  J  P  I  S  N  P
Y  L  D  E  N  V  Y  U  U  G  K  I  Q  R  E
T  S  R  R  O  Z  G  D  V  E  L  G  O  V  V
R  E  O  F  F  G  I  M  E  Y  E  T  I  U  I
U  R  C  A  G  Z  G  S  A  G  E  L  C  X  E
T  E  I  A  G  F  N  S  C  S  E  D  U  R
H  V  R  L  R  L  G  E  T  B  M  E  U  Y  W
C  E  O  S  E  E  R  S  N  M  T  P  P  W  R
G  S  N  S  R  V  P  N  N  S  P  S  E  O  I
V  R  U  E  Z  B  O  Q  A  O  Q  R  U  X  H
C  E  D  C  U  B  Y  O  O  W  A  H  W  R  W
D  P  N  G  G  I  B  Q  C  B  R  D  G  P  T
```

PATIENT	PROUD	NO RECORDS	TRUST
KIND	RUDE	EVIL	HOPES
ENVY	SELF-SEEKING	TRUTH	PERSEVERES
BOAST	EASILY ANGERED	PROTECTS	NEVER FAILS

 God IS LOVE

1 John 4:7–21 are important Bible verses about love that inform:"Beloved, let us love one another, for love is from God, and whoever loves has been born of God and knows God. Anyone who does not love does not know God, because God is love." Here are some other words from this reading.

```
L Q T I R I P S D E V O L E B
M A N I F E S T Y Y G M K C G
V P R O P I T I A T I O N U S
S C O M M A N D M E N T S A P
L I C G X M V N S M S F V T P
A C O N F I D E N C E I H G B
B S J S E R M E T I O E N E M
I W D F N O N N T R Q V L S R
D Q C L G P E X D C D I P M E
E C R B G M S E S S E F N O C
S W I N G D E Q U V Q F K E G
Z C O D U D O P E U H S R Y L
V M U O N E A N O T H E R E M
A J B R O T H E R W Z H G I P
```

MANIFEST	BELIEVE	BELOVED	BROTHER
PERFECTED	CONFIDENCE	CONFESSES	PROPITIATION
SPIRIT	COMMANDMENT	SINS	ONE ANOTHER
ABIDES	AMONG	SAVIOR	JUDGMENT

Symbols OF THE CHRISTIAN FAITH

Christianity has used many symbols over the centuries to express faith and love of God, and has a deep appreciation of their power and impact. Here are some meaningful objects and distinguishing signs that are used frequently.

```
P V K R I U P W S E L C R I C
A O M E G A X P V D O K W M C
L T S N A Z D T P B M L E R F
M J T E H B L O K X I E E R T
B S A O N O G N X L D R O W S
R J R J T O W F Y S A H P L A
A S L E G N A Z E F K B Z B D
N L W Y H B E L J B X W V O Y
C E O V N E G E M F H C V F Y
H F E Y L N N A A E Q E F T J
E G T D A V L W D O L A P T E
S X N I U H K I O E S S O R C
W A R Q H D S V H R E N X M T
C T R A I N B O W N C Y S L T
```

CROSS	CIRCLES	DOVE	PALM BRANCHES
ALPHA	TRIANGLES	SWORD	LAMB
OMEGA	LILY	ANGELS	RAINBOW
CANDLE	CROWN	TREE	STAR

Words OF LOVE TO LIVE BY

1 Peter 4:8 instructs us that "Most important of all, continue to show deep love for each other, for love covers a multitude of sins." Everyone today should take this excellent advice to heart and instead of judging others, share God's message of love. Here are words we might use in a conversation about love.

```
Q Y N E H A P P I N E S S P K
C E N C O U R A G E K H F I R
H O N E S T Y A W J F H N F W
I D H X W K I M O T I D M I M
C U P K L O A Y F O N W T P G
I A P R A Y F O P E H N I R E
T E D O M U R X S T E H A L I
N V Y B L G F S R M S T P N F
E K B B I M J O T D I D S O R
H W N V E N W I N T T P J Y O
T Z E R V F M E U G I R D M N
U H A H L M I D I R H X A X O
A H V E O R E A E U P M I E H
S L S C F S C Q E D N K L Z H
```

SHARE	AUTHENTIC	HONOR	COMMITMENT
FORGIVE	JOYFUL	SELF-WORTH	GRATITUDE
ENCOURAGE	INSPIRE	HAPPINESS	FRIENDSHIP
PRAY	HEART	HONESTY	KINDNESS

LOVE OF *Prayer*

Psalm 23, a Psalm of David, is often called "The Lord Is My Shepherd." God's words help to shine a light on every aspect of our daily lives and give direction for all that we do. See if you can find some of the words from this powerful message from God in this word search.

```
C O M F O R T S E R U T S A P
R S A L R F T S E R A P E R P
E Q H V E Y H D A V U P L R F
S L A A C A K T Y L Z F E A G
T T Y R D T D L A M M S D N D
O M E R Z O P E Q E E C Y O X
R M T Y O U W T T N D K Y I V
E Z O F Q P F F C H U A I N A
T D T L M W V E R Y X F M T L
H P M S H E P H E R D P K E L
U M H J T X N O D L J R Z S E
R I G H T E O U S N E S S T Y
R G O O D N E S S H S H T A P
Q T P B Y W Y N H T E N N U R
```

SHEPHERD	PATHS	DEATH	ANOINTEST
PASTURES	RIGHTEOUSNESS	COMFORT	RUNNETH
LEADETH	VALLEY	PREPAREST	GOODNESS
RESTORETH	SHADOW	PRESENCE	MERCY

GOD SO LOVED THE *World*...

The words from John 3:16 are some of the most widely quoted from the New Testament and the verse is sometimes referred to as the "Gospel in a nutshell" because it succinctly reflects the central theme of Christianity. Here, please find many of the words from this verse.

```
W C B L Z J H T E V E I L E B
W H T E N J P V Q J H M D Q C
I E O P G E X O L W O I L G L
T E X S R O E F I L B E M L R
R C Z I O Y T Q L H B E D V N
M C S K O E A T Q U D J N O S
G H F Z G E V M E Z H E B H P
O N Z M F B M E E N V J V P U
D A E U K E H U R J D B B O O
E V E R L A S T I N G L A D L
H H H H F Z M K Y A Q E R Q I
T B R N O G P T L J S V K O P
O B O L H B S E N T G A V E W
N S I P D J S H O H V H A L L
```

GOD	GAVE	WHOSOEVER	PERISH
SO	ONLY	BELIEVETH	HAVE
LOVED	BEGOTTEN	HIM	EVERLASTING
WORLD	SON	NOT	LIFE

Married LOVE

Colossians 3:14 urges us to love: "And over all these virtues put on love, which binds them all together in perfect unity." Here are some thoughtful words we might use to describe married love.

```
S C O N S T A N T E R U D N E
R T P F T N E M R E W O P M E
E G R A P M N D H S I R E H C
S Z S E R G Y A T O A V M L R
P L X I N T I M A C Y Q H Y R
E V O Q B G N Y T I L E D I F
C U X Y C I T E H T A P M Y S
T N E L A T T H R P N T H B D
T W B C Z L K C I S V R O T H
P S H U T S T Z E X H R R B T
T O O A W B K Y L T A I L I W
C E R T I T U D E M O M P J O
C H A N G E D O F A U R L E R
J W E C I F I R C A S L P N G
```

CHERISH	ENDURE	GROWTH	PARTNERSHIP
PROTECT	FIDELITY	LOYALTY	SACRIFICE
CERTITUDE	INTIMACY	RESPECT	SYMPATHETIC
CHANGE	CONSTANT	STRENGTH	EMPOWERMENT

Parental LOVE

Proverbs 22:6 tells us to "Train up a child in the way he should go: and when he is old he will not depart from it." There are many aspects of supportive parenting and child development, here are some to consider.

```
R R L A N O I T I D N O C N U
V N J Z D E V I T R O P P U S
S Q C O N N E C T E D S E A K
S H E L T E R I N G Q C D Y A
Y Z E M T E A C H H O J T L A
E T N C G X K O A M J N L F C
C E I Y U I P N F V E E F M F
N R L W I P A O O L G E L S W
E U P S D R R Z O I C T Z L A
I T I L A T L V A T T M E Q R
D R C U N V E N I Y K O P F M
E U S Z C N C O U C W H V G T
B N I J E E N Z R G U U Q E H
O R D B A Z A D V O C A C Y D
```

UNCONDITIONAL	BENEVOLENT	WARMTH	SUPPORTIVE
ALLEGIANCE	OBEDIENCE	AFFECTION	SHELTERING
TEACH	COMFORT	DISCIPLINE	GUIDANCE
NURTURE	ADVOCACY	DEVOTION	CONNECTED

THE *Fruits* OF LOVE

In the Epistle to the Galatians, we are reminded that there are nine attributes we should strive to achieve to be in accord with the Holy Spirit, including love, joy, peace, patience and kindness. What other traits might please the Lord?

```
A U N D E R S T A N D I N G D
I K G J O G O L T H G I R P U
M O K N T S N C O U R A G E H
P A G G I E S S U O I C A R G
A R Y E O R M E S E S A E L P
R A L Y N O E P N M O D S I W
T M H L S T D F E K Z P N J E
I V N C F X L N F R E P D J C
A U H R E W H E E U A E F C M
L X N K S E G C N S S N M S E
H U S O X J U S T E S G C A M
N U N A F R A I D V S R N E T
V Z S S E N S U O I C S N O C
L O V I N G K I N D N E S S L
```

WISDOM	GOODNESS	UNAFRAID	CONSCIOUSNESS
MEEKNESS	TEMPERANCE	GENTLENESS	UNDERSTANDING
GRACIOUS	COURAGE	UPRIGHT	LONG-SUFFERING
JUST	PLEASES	IMPARTIAL	LOVINGKINDNESS

Spiritual LOVE

Today, the term "spiritual love" is sometimes used in ways other than the traditional manner it was originally intended for; however, it is still a term that expresses Christianity's convictions. Here are some terms worth pondering.

```
U D X E V F M P A T H D X N C
R E V E R E N C E K U X O O G
E S S E N C E H H V U I N R C
E D I S C O V E R Y T T A A O
S N S T B P V X S A E C N B M
O J V O I Y Z S M M E J S H X
P A S S I O N R P L N E C Y F
R P F S O Q O L N O R J T J F
U J O C K F A J I V L E G Z E
P Q F I S T Y T A E I K G H J
F X P N I D O N V P O B P K W
J X A O M V C W Y E N R U O J
C R N R E E O L A C I T S Y M
T C K D O A R P E A C E G Q R
```

PEACE

MYSTICAL

DEVOTION

TRANSFORMATION

PURPOSE

ESSENCE

PIETY

CONTEMPLATION

DISCOVERY

PATH

REVERENCE

OBSERVANCE

JOURNEY

PASSION

GRACE

LOVE OF *Music*

There are many genres within Christian music, generally considered to be an expression of praise for God. It is most often the lyrics that make music Christian, although many instrumental pieces were written exclusively to glorify the Lord. Here are words associated with music that inspires Christians.

```
Q Q P C K W B S L E S I A R P
W W W H S T A E S B T Y O G Z
O X U O M H A J U L E L L A H
R X P R H Q M O P A I N D O O
S M H A Q P E G N O S N E V E
H Y G L O S X M O V R E Q C H
I N S T R U M E N T A L H M C
P V Y P F C S I S K N O M H U
D A L Q K X H Z X T I E A C Y
E T L E U M R V T R D N M V Z
R A O M P X H K Z H T L N A J
C N R I M S Z Y S L A M N K L
A O A U O K O O P S Y V L L Q
S S C V I T E G P H O J Z D N
```

SONATA

WORSHIP

INSTRUMENTAL

LAMENT

HYMN

CHANT

PSALM

CAROL

HALLELUJAH

GOSPEL

EVENSONG

CHORAL

PRAISE

CHOIR

SACRED

LOVE OF *Learning*

Most people maintain a love of learning throughout their lives, not just while at school. They are motivated to acquire new knowledge and skills while maintaining a curiosity to engage with new perspectives that might enrich their lives. Here are words to consider when thinking about a love of learning.

```
J Q Y O L E A R N I N G K P S
O P P O R T U N I T Y T P P G
A C T I V I T Y U I J Z Y H B
W N U H K Z H T A M O L I H P
S O T L A P E G N E L L A H C
T I A T T A I N M E N T S E Y
U T D T G I O Z T N E D U T S
D A J E W T V K A F L X Y E I
Y R R N O I T A R A L I H X E
H O I N X N O I T A V I T O M
S L N O Q E U J E E U X W X V
G P S C H O L A R S H I P T F
L X V K I L E G D E L W O N K
E E X C I T E M E N T K W T H
```

EXHILARATION

SCHOLARSHIP

STUDY

ATTAINMENTS

KNOWLEDGE

STUDENT

EXPLORATION

CHALLENGE

ACTIVITY

CULTIVATE

OPPORTUNITY

EXCITEMENT

LEARNING

MOTIVATION

PHILOMATH

EAGER

LOVE AND *Empathy*

There is nothing as difficult as experiencing the loss of a loved one or trying to support those who are grieving. There are words we use to describe sad feelings or an attempt to connect with others in times of great sadness. Here are some of the words that come to mind for these situations.

```
C O M M I S E R A T I O N M C
I V H M A S A D N E S S O O C
D C G E T N Y P A R N I M N O
Z Z C X A R C K S Y E P C M M
F Z H J E R Q B K O R F Y O P
J A W S F F T H A E R L F I A
E G I E E C W B H T O R Z U S
T M I I E J Z E R H B J O O S
R N R L U P N Z C E N N U W I
O G S C E S I N B Q A L I K O
P R M U I P A N J A M K B A N
P N P O M L S E G H D Z M Q P
A S N A E Y H T A P M Y S P Y
R B L M S E C N E L O D N O C
```

SUFFER	SORROW	PAIN	COMMISERATION
WEEPING	SADNESS	MISERY	MELANCHOLY
COMPASSION	SYMPATHY	SOUL	COMPREHENSION
GRIEF	HEARTBREAK	RAPPORT	CONDOLENCES

LOVE OF *Flowers*

Song of Solomon 2:12 reminds us that "Flowers appear on the earth; the season of singing has come, the cooing of doves is heard in our land." We have so much to be thankful for in God's beautiful garden. Can you pick out the flowers in this word search?

```
P C D U C B L R E D N E V A L
E H M G G U A Y C J O V Z X D
O R S J B E J A I L O N G A M
N Y T R E W O L F N U S I M N
Y S M U B I I K O J Q S X M H
P A X N L Q I M X Q Y U O Y H
L N J O B I R T A Y P Q A K I
I T R I C J P I J B K C O A L
D H B T E Q N M J E I D E I O
O E V A E E Q Z I N N I A S I
F M O N D S I D T G M H O E D
F U L R P J O H Y J C C P E A
A M A A N B R R U W N R S R L
D G N C F T C O R Z T O I F G
```

ROSE   FREESIA   ZINNIA   DAISY
LAVENDER   PEONY   ORCHID   SUNFLOWER
MAGNOLIA   GLADIOLI   DAFFODIL   CARNATION
HYACINTH   TULIP   GARDENIA   CHRYSANTHEMUM

LOVE AND *Kisses*

There are different kinds of kisses described in the Bible other than those of love. From the kiss of murder, given by Joab to Amasa (while he was being killed), to the kiss of politics, given by Absalom to the citizens of Israel, here is a list of some of the other types of kisses that can be found.

```
Z R E S T O R A T I O N C T B
S X W E L C O M E S H O M E N
S L L E W E R A F F R U T V Y
E W W X Z R L E X O R R X I J
N O K H C S G A N D A M X E P
S R N X J G J A E Y X Y G C I
U R G P A R T R A X B W Q N H
O O V B D I R L N C G B M A S
E S P A O D E C E I T W T T D
T R I N T R O D U C T I O N N
H K S A L V A T I O N T J E E
G O R E T U R N O C B G O P I
I N O I T A I L I C N O C E R
R B S S E N E V I G R O F R F
```

DECEIT	FAREWELL	FRIENDSHIP	RIGHTEOUSNESS
INTRODUCTION	RETURN	WELCOME	REPENTANCE
RECONCILIATION	SORROW	MURDER	RESTORATION
FORGIVENESS	CORONATION	SALVATION	BETRAYAL

LOVE OF THOSE WHO DO *Good Deeds*

Galatians 6:9 reminds us to not "grow weary of doing good," and these are fine words to live by. There are inspirational people whose great deeds are relayed in the Bible throughout the Old and New Testaments. Can you pick out the names of some of the Bible's best helpers in this word search?

```
R O U E D R A U L H P E S O J
A L D V S V U M X Z F J C O T
H Z Z A H T R A M O D S N I S
A R X K D Q H Z N Y C A M I Q
B N O J H F K E C Z T O L V M
T Q A E T K D S R H T A D W A
A V L F U P S C A H S R K S D
B E L Y R S A N Y C W Y K G Q
I E I F V V B V R S Y R A M X
G A C K F P A Z C A N F L C H
A I S O W E N R J C V V I L E
I D I R A X R J S R H A U Y W
L Y R E U T A D Y O M Y Q D O
L L P J U B B R Q D N B A X N
```

ABIGAIL	RAHAB	BARNABAS	MARTHA
ELI	RUTH	DORCAS	MARY
ESTHER	AQUILA	JOSEPH	SILAS
JONATHAN	PRISCILLA	LYDIA	TIMOTHY

LOVE OF *Nature*

Job 12:7–10 tells us: "But ask the beasts, and they will teach you; the birds of the heavens, and they will tell you; or the bushes of the earth. ... Who among all these does not know that the hand of the Lord has done this?" The earth is filled with wonders of His creation. Some of them are in this word search.

```
S X A L P F H W D S T N A L P
K H S N A E C O T L R X U A A
I F O R E S T S T L W Z T N C
E E A R T H E Q J C K H I L L
S C P N X R Q O G P M O M P
K B N P Z M D S R M A U Z A L
T S N O F J Z N T L D B S K S
U L B D O V N I S S R E V I R
T S V N A M A A U T T D H B K
G B C S T J S T H P A I B R L
H N A H C R L N H L S E E R T
O E G U A O L U N D I U N W W
S S W T F Z I O S E K A L U L
O Q S D I O H M K M S Y B G S
```

OCEANS   MOUNTAINS   CLOUDS   FORESTS
SUN   TREES   SEAS   LAKES
STARS   EARTH   HILLS   PLANTS
MOON   SKIES   RIVERS   ANIMALS

LOVE OF GOD'S *Promises*

The Bible is filled with promises to the faithful, and God's words give us great hope and encouragement. Romans 10:9 reads: "If you declare with your mouth that Jesus is Lord and believe in your heart that God raised him from the dead, you will be saved." Here are some of the promises that believers can take to heart.

```
B F G N I D N A T S R E D N U
D J R K H J I E C N A D I U G
E C F U E H T G N E R T S U J
L C O E I C U U P M N Q B M S
I R B M L T U L D T K F Q Q Y
V R X Y F L F G Y T R E B I L
E E A W H O O U A M O H J S O
R S N W X Q R W L K O K Q C A
A T E K A I Z T S N N D I Q O
N K P Y N E Y W R H E Q S L O
C O O R C V V O X L I S A I U
E O H A Y T F A J X E P S W W
E V E R L A S T I N G L I F E
R P R E S U R R E C T I O N I
```

EVERLASTING LIFE	GUIDANCE	HOPE	STRENGTH
UNDERSTANDING	DELIVERANCE	JOY	WISDOM
RESURRECTION	PEACE	REST	FRUITFULNESS
FELLOWSHIP	LIBERTY	COMFORT	

LOVE OF *Worship*

To worship is an act of love for God and it is most often characterized by prayer. Psalm 95:6 urges us: "O come, let us worship and bow down; let us kneel before the Lord, our Maker," but there are many terms we use when we refer to the ways we pay homage to God. Here are some of them.

```
A I R B T O P L B R E Y A R P
D E Z J M N O I T O V E D P V
O Y X C R J T U E J L H X U H
R X P A X V U T R T O D F E B
A Q J Y L J O I N N Y K X L B
T E J H E T V T O D K P E J E
I T C F N D E R E Y U S G L C
O A M R A E D F X S S A Y N
N R H Q D C T I L I E D M F E
I B C P D I T U N R Y J O I R
Y E W D M C G G V V Q L H R E
W L D M N Q B E X E F W Y O V
Q E O A E Z K Y M M M Q L A L E
H C S E T A R E N E V G P G R
```

DEVOTION	HONOR	CELEBRATE	GLORIFY
REVERENCE	SERVE	DEVOUT	COMMITTED
SANCTIFY	VENERATE	EXALT	PRAYER
ADORATION	PAY HOMAGE	PIETY	BLESSING

LOVING Kindness

In Exodus 20:1–6, God gives us a manual for living with the Ten Commandments and reminds us that when we show devotion to Him, in return He shows "lovingkindness to thousands, to those who love Me and keep my commandments." Here are words that help to describe what God means to us.

```
H C R U H C E H T F O D A E H
R D W J E F I L F O D A E R B
E E B V T N E S E R P I N M O
F M D R T H E W A Y D N I T N
I E U E A R O T C A F E N E B
L D T N E T O P I N M O P S K
L I C L M M X D N C I W U M R
A A G I U I E U R T J O A Y H
N T M G B D D R A E E V T R F
R O R H T F E D V T H H D O F
E R F T H L N I H P I P K C Q
T X G D A U Z G Z N F K E K T
E L I E O N I X K I N G G H V
A Z H F Q R P P D A J C G M S
```

REDEEMER

HEALER

ETERNAL LIFE

MY ROCK

OMNIPRESENT

SHEPHERD

MEDIATOR

BENEFACTOR

KING

FOUNDATION

RIGHTEOUS

THE WAY

BREAD OF LIFE

OMNIPOTENT

HEAD OF THE CHURCH

HEAVEN and *Earth*

CHRISTIANS KNOW THAT in the beginning there was nothing until "God created the heavens and the earth." Creation is the act of God making an ordered universe filled with life and beauty. There are accounts of the Creation in Genesis: God created light on the first day, making night and day, and proceeded to fill the earth with amazing things, until the sixth day, when He created animals and human beings. "The Lord God formed every animal of the field and every bird of the air, and brought them to the man to see what he would call them; and whatever the man called every living creature, that was its name" (Genesis 2:19).

The word searches in this section reflect an appreciation for everything in heaven and earth that He created—God's word, the beautiful seasons, the guidance of angels, our communities, our churches and so much more. We are so grateful for the beautiful world we live in.

> "How many are Your works, O Lord!
> In wisdom You made them all; the earth is full of Your creatures."
> —*Psalm 104:24*

GOD CREATED OUR WONDERFUL WORLD...

...*so it is incumbent upon us to ensure that we maintain proper stewardship.*

- **PLANT A TREE** *Scientific American* informs us that the world has over three trillion trees, but we are losing almost ten billion trees annually.

- **CONSERVE WATER** *National Geographic* says that almost 70 percent of the earth's surface is covered by water, but only 2.5 percent is actually fresh water. Also, much of that is trapped in glaciers and ice.

BIBLE ANGEL FACTS

Angels are **DIVINE BEINGS** in the service of God: They appear as God's messengers and attendants to his throne. In a few instances, they serve as soldiers in God's army.

With or without **WINGS**? Although angels are often pictured as having wings, the Bible portrays only cherubim and seraphim as winged beings.

What do they **LOOK LIKE**? Relatively little is said about their appearance. Sometimes they look like human beings and are described as being of blinding beauty. In the New Testament, they often appear in a brilliant white light.

Are angels **DIVINE MESSENGERS**? Angels may foretell an imminent manifestation of God's will, deliver judgment, punish enemies, inform a prophet of his mission or comfort the afflicted.

What is a "**FALLEN ANGEL**"? Although they're spiritual rather than corporeal beings, angels can succumb to temptation. Satan and his minions are traditionally described as fallen angels.

Are there **GUARDIAN ANGELS**? The popular concept may derive from Jesus' command to his disciples concerning children: "Take care that you do not despise one of these little ones; for, I tell you, in heaven their angels continually see the face of my Father in heaven" (Matthew 18:10). ∎

?&A

Q *What trees grew in biblical lands?*

A *The importance of trees is established early in the Book of Genesis, when God supplies the garden of Eden with fruit-bearing trees, as well as the tree of life (which provided access to immortality) and the tree of knowledge of good and evil, which Adam and Eve recklessly sampled. Trees that did grow in the Holy Land were largely fig and mulberry trees that provided shade and fruit, while cedars and cypresses provided excellent timber for building.*

Dates, olives, pomegranates, almonds, pistachios and walnuts were also important foods that came from trees.

Amen to That!

Not long after I resigned as pastor of a small church, the phone rang. "Is the reverend there?" a man asked. I explained that I was a minister, though not the current pastor. "You'll do," he said. The man wanted to know which Scripture verses applied to funeral services.

I gave him several references, and then he asked, "What about the 'ashes to ashes, dust to dust' part?"

I gave it to him. Then, intending to offer some sympathy, I inquired, "And who is the deceased?"

"My daughter's rabbit," he replied.

THE Heavens

Most Christians believe that heaven is the place where God resides and that it is "the ultimate home of the blessed who die in the Lord." Here are things that we would expect to find in heaven.

```
C H B S M E G S U O I C E R P
T M S L L A W R E P S A J R G
R G K B G T E E R T S D L O G
E T O R I V E R O F L I F E B
E P H L K Q N I A G A N R O B
O V A E D O G F O E N O R H T
F D I L F E D V G C U I H Y P
L O P F A A N O T E A R S A R
I E W F R C T A G H B L B S H
F Y C X F R E H L F U B P L U
E L P V F J W S E T O N D E Z
P A R A D I S E O R A K R G J
A P E A R L G A T E S R R N R
N E W J E R U S A L E M P A C
```

GOLDEN ALTAR
THE FATHER
THRONE OF GOD
BORN AGAIN

NEW JERUSALEM
JASPER WALLS
RIVER OF LIFE
PARADISE

ANGELS
NO TEARS
GOLD STREET
PRECIOUS GEMS

PEARL GATES
TREE OF LIFE
ARK OF GOD
PALACES

Angels

Angels are spiritual beings who sometimes act as intermediaries between God and man, either as a protector or guide. Most angels appear in human form in the Bible, and while some have wings, others do not. Here are some interesting terms associated with angels.

```
N C A G L O R I F Y G O D F S
O F Y G S A E C N U O N O R P
P A I N T E L L I G E N T S E
K W L I V E F O R E V E R G Y
C H A R I O T S G Q M E S N L
A L Z T O Q O U M P T W C I Q
P W U L C N Z I X S I S H E M
I L I M M H H Q I F T Q E B E
Y X F N O P E N T A D Y R T V
I B O I A M I R R L H Y U I R
Y Y R R L M O S S W H I B R E
C R E A T E D B Y G O D I I S
Q S E N R E J O I C E U M P B
P S T S O H N J D R W Q A S O
```

SPIRIT BEINGS
GLORIFY GOD
INTELLIGENT
CHERUBIM

LIVE FOREVER
CREATED BY GOD
PRONOUNCE
HOSTS

CHARIOTS
OBSERVE
WATCHERS
MINISTERS

SERAPHIM
SWIFT
STARS
REJOICE

Prophets

There are many prophets and prophetesses whose prophecies are relayed in the Bible. And while there are heroic oracles who made meaningful predictions, there are also false prophets that God warns us about frequently in the Scripture. Here is a selection from both groups.

```
V W A G E E D N M S Z B M X S
I O Z D H X W L O S I Z P Q I
N A L E J U D V H Y A M S A M
O S Y H D G L A D I C M V T E
A U K X M E N D Z I P J Y N O
D F M X W A K V A I N H O L N
I W X S N Z Z I I H L C A C E
A H V I Z A N M A L H M R V T
H M A R I A M M T H J V V B G
U H R I H R A H H R I Y Q A C
D L M T K A M I B A G M D B U
P Z A N L N E A N S U B A G A
H N L A Z L H N H A R O B E D
A S B Y I A A H A I A M E H S
```

GAD	BALAAM	NATHAN	ZEDEKIAH
HANANIAH	ANNA	NOADIAH	SHEMAIAH
ELYMAS	DEBORAH	ENOCH	HULDAH
MARIAM	SIMEON	AHAB	AGABUS

READER'S DIGEST **LARGE PRINT RELIGIOUS WORD SEARCHES**

Miracles

The Bible is bursting with miracles. In fact, it begins with one of the greatest miracles ever recorded: that of Creation. "In the beginning, God created the heavens and the earth." Here is a list of some of the amazing miracles.

```
Y  K  R  I  E  N  I  W  O  T  R  E  T  A  W
H  E  A  L  I  N  G  L  E  P  E  R  S  H  H
P  L  A  G  U  E  O  F  L  O  C  U  S  T  S
I  S  U  R  A  Z  A  L  G  N  I  S  I  A  R
N  O  I  T  A  R  U  G  I  F  S  N  A  R  T
N  O  M  E  D  T  U  O  G  N  I  T  S  A  C
O  R  E  S  U  R  R  E  C  T  I  O  N  P  E
I  V  I  R  G  I  N  B  I  R  T  H  W  X  X
S  X  D  O  O  L  F  E  H  T  J  M  O  T  O
N  K  P  E  N  T  E  C  O  S  T  D  P  H  D
E  K  A  B  V  Y  P  R  E  T  U  U  V  O  U
C  P  K  W  A  L  K  O  N  S  E  A  H  U  S
S  R  E  D  S  E  A  P  A  R  T  I  N  G  T
A  E  D  M  H  S  U  B  G  N  I  N  R  U  B
```

ASCENSION	VIRGIN BIRTH	WALK ON SEA	TRANSFIGURATION
EXODUS	HEALING LEPERS	WATER TO WINE	PLAGUE OF LOCUSTS
THE FLOOD	RESURRECTION	RED SEA PARTING	CASTING OUT DEMON
PENTECOST	BURNING BUSH	RAISING LAZARUS	

THE SEASONS: *Spring*

Song of Solomon 2:11 reminds us of the joys of spring: "Behold, the winter is past; the rain is over and gone. The flowers appear on the earth, the time of singing has come, and the voice of the turtledove is heard in our land." What are some of your fondest thoughts about spring?

```
R A I N B O W S V R T N E L M
Y U P L I T F D U G Y K Y D V
S G U X H Z U G N I N A E L C
I U D Q L C U L T O W I S F M
L A D P Y E G N I K I B K U K
V G L C P Q T N V P G Y M I H
X O E O V F N R P P S B S U H
B A S E B A L L T F R H M G W
G A L O S H E S K E X H O N D
T H T O S Z F F L V Y V S I H
E X D S F M E L U N M K S T S
D N A L W Z A J C I O T O S B
U R O E G A R A G E S A L E K
G G I V S H O W E R S C B N R
```

BASEBALL	HIKING	CLEANING	GARAGE SALE
LENT	TULIPS	GOLF	NESTING
SHOWERS	GALOSHES	GRASS	BIKING
UMBRELLA	RAINBOWS	BLOSSOMS	PUDDLES

THE SEASONS: *Summer*

Ecclesiastes 3:1–22 "To everything there is a season, and a time for every purpose under heaven: a time to be born, and a time to die" are beautiful passages to remind us of the fleeting joys of life. Here are some beloved summer places, things and activities that so many of us love.

```
T T B A R B E C U E E D A H S
F R H S E I R R E B W A R T S
U P I U N K Y N O I T A C A V
A L M S N Z H E V A W T A E H
Y E J R W D O Q U L Y B C F J
G M C E E H E U K Q A S A O W
E O I W J B P R D O W K M H C
N N N O G A S L S I B A E A D
I A C L T L R W M T E D M Z A
H D I F A T I M F R O P T Y H
S E P D K N I L C M I R I W C
N W N L E N X E A N X E M C A
U A D I G U C S G K J I I S E
S Y I W F I I I H W Y B I L B
```

PICNIC   ICE CREAM   SANDALS   STRAWBERRIES
VACATION   CAMPING   SUNSHINE   WILD FLOWERS
BARBECUE   SWIMMING   BEACH   THUNDERSTORMS
SHADE   HEAT WAVE   LAKE   LEMONADE

THE SEASONS: *Fall*

In the fall, it is harvest time—"a time to pluck up what is planted." Does the list below contain some of your favorite fall things and activities that make the season so satisfying?

```
M Z N R O C Y D N A C U D K O
S F O A E G A I L O F L L A F
E G A P U M P K I N S Q H G G
L N T R C S I L K B F B H N N
P I O H M L E E S B M S A I I
P K W C I E C V O D Q Y Y V V
A C G H E R R N A L C P R I R
L I C T Q Z F S L E N I I G E
E P J K S I A A M R L M D S S
M E I V R E B M S A N E E K E
A L I E A T V B N O R E K N R
R P S O O S X R I R U K F A P
A P Z O X X V U A X O P E H R
C A F C G D O X V H L C C T I
```

PUMPKINS
FOOTBALL
SOUP
CHILI

CORN MAZE
HARVEST
APPLE PICKING
HAYRIDE

BONFIRES
RAKE LEAVES
CANDY CORN
FARMERS MARKET

PRESERVING
FALL FOLIAGE
CARAMEL APPLES
THANKSGIVING

THE SEASONS: *Winter*

Genesis 8:22 promises that "While the earth remains, seedtime and harvest, cold and heat, summer and winter, day and night shall not cease." Life will go on even though the earth may lie dormant under the snow. Try to pass the time with these wintertime memories.

```
S  K  I  I  N  G  N  I  R  E  V  I  H  S  S
D  T  S  O  R  F  Q  M  L  I  C  E  F  N  N
A  E  B  E  X  K  W  G  W  B  S  Z  O  X  Q
E  T  E  M  I  F  L  T  F  N  Z  W  D  F  W
R  A  R  M  G  K  V  P  O  J  I  J  E  R  U
D  L  I  Z  L  U  O  W  U  N  W  D  P  A  E
N  O  F  C  C  E  M  O  G  C  I  J  T  C  D
A  C  G  Z  B  A  G  J  C  R  X  I  U  S  T
P  O  N  N  N  A  E  N  H  G  U  S  B  D  J
U  H  I  W  I  M  D  G  A  S  N  O  E  N  K
L  C  R  G  T  T  I  R  W  W  O  I  L  A  I
R  T  A  J  K  E  A  O  F  T  O  S  K  T  D
U  O  O  N  L  T  N  K  S  G  Y  N  J  A  R
C  H  R  S  Y  S  H  U  S  I  G  Z  S  H  M
```

ICE	ROARING FIRE	SKATING	MAKING COOKIES
SNOWING	SNOW ANGEL	BOOTS	CURL UP AND READ
FROST	SNOWSUIT	SLEIGH RIDE	HOT CHOCOLATE
SKIING	SNOWMAN	SHIVERING	HAT AND SCARF

Spiritual NOURISHMENT

John 15:4–5 reads "Abide in me, and I in you. As the branch cannot bear fruit by itself, unless it abides in the vine, neither can you, unless you abide in me. I am the vine; you are the branches." God reminds us that we all need to be nurtured. Here are items that feed the body and others that soothe the soul.

```
X S R S M S E L B A T E G E V
W M Z S T N A D I X O I T N A
B H X M Y O J R E T H G U A L
F D O D A S O W S A L Y N Y Z
R G Y L I M A F N T V Q T X E
U W R F E C N H P Z U I A Y E
I A T A Y G V X H P L N D F Y
T C S F T T R O M I S F G F R
S U E I L I T A U E V D S B I
E F M S Y P T Q I E C E E Y A
C E U V U J N U D N C W C E D
A V G M T A J U D I S L V O S
E O E U R I O Z P E T H E D V
P L L T Y L Y S P S A E Z A M
```

SPICES   FRUITS   LEGUMES   VEGETABLES

NUTS   SEEDS   PEACE   TRANQUILITY

LOVE   LAUGHTER   FAMILY   ANTIOXIDANTS

DAIRY   JOY   GRATITUDE   WHOLE GRAINS

Holidays

Taking time off (even on non-Christian holidays) helps you to feel more focused and relaxed. Regardless of whether you celebrate all of these holidays, try to pass some time relaxing on these days with family and friends.

```
R P R E S I D E N T S D Q K S
V Y R G O O D F R I D A Y T S
E A W L A I R O M E M G P T E
T D D C O S J C Z S N A V A T
E N N D U A O N T I T A S U A
R U L M F R T N V R L T Y C L
A S D D Y G I I I E E H Z A Q
N M B J Q A G C N R A U B V I
S L V Q S S K T E M T O Q S A
D A W L K S I E S K R P W T N
H P L N P N S A M T S I R H C
Z A A P E B N E E W O L L A H
O H V S U B M U L O C M F C M
T C I N D E P E N D E N C E Z
```

GOOD FRIDAY   HALLOWEEN   INDEPENDENCE   COLUMBUS

PALM SUNDAY   EASTER   ST. VALENTINE'S   PRESIDENT'S

ST. PATRICK'S   CHRISTMAS   LABOR   ALL SAINTS

THANKSGIVING   MEMORIAL   VETERANS

WHAT'S IN A *Church*

A church is where Christians gather to worship and hear God's word in an atmosphere of grace and acceptance. Here are items that you might expect to find in your community church.

```
T K H O L Y C R O S S S S D T B
D D C S B D B H A X M M W I P
G B O C S L U T L S H O B R O
T A N W H A O Z T Q L L A R A
H P G D K K L C A N E Y G Y Q
O T R S M B Z G R S E A O I Z
D I E K E I R L D R N V H N J
S S G O O F R E B E R C M N U
E M A O O D E O T T N S J J L
L A T B L R O T R S I I W L H
D L I N A K X I C C I P A B W
N D O M S P O F K Y Z N L T W
A V N Y L H I P E W S M I U S
C Q T H C R Q R H O I F E M P
```

PULPIT

MINISTER

CANDLES

PEWS

ORGAN

HOLY CROSS

ALTAR

BAPTISMAL

CHOIR

BIBLES

HYMN BOOKS

PRAYER BOOKS

STAINED GLASS

CONGREGATION

WHAT'S IN A *Home*

Home is where the heart is. It's the place that offers shelter from the harsh external world and serves as a warm, safe haven for the family. Here are some words associated with a good Christian home.

```
R A S Y L U M C A R I N G Y V
E A L D G N I K O O C E M O H
H Y S R N W R A Q V Q J E R P
T U W J F I Y L L Z N E V O L
E F L E X I B I L I T Y L P S
G D V I K H D B Y W H I W H M
O O B E Z T F G Z L T H E T U
T G Z G N M H D P E X L B B F
G F W A F R M Y N I T P I V A
N O R I W A R E T E H T S Z M
I E K R K W S B R E Y S L R I
N V Z R S S T W H M F G R Y L
I O U A C R E F U G E A D O Y
D L Y M E P J H M W W Q S W W
```

LOVE

REFUGE

CARING

SAFETY

MARRIAGE

POLITENESS

SHELTER

FLEXIBILITY

WORSHIP

DINING TOGETHER

HOME COOKING

LOVE OF GOD

ASYLUM

FAMILY

UNITY

WARMTH

THE BEATITUDES OF *Jesus*

Matthew 5:3–10 contains the Eight Beatitudes, and they begin "Blessed are the poor in spirit, for theirs is the kingdom of heaven." The Eight Beatitudes are messages of love intended to ease earthly trials and tribulations. Here are words from the Beatitudes.

```
K P E R S E C U T E D W O H J
I U H C M X T Q S M H T R A E
N T Q G C M J O E R E G N U H
G P U Q S R O R O C A P C E X
D T P R T R C U L G B U A Y S
O I C Z A I E N R Q C R S A H
M R Z E F X G K L N T E T E Q
L E W U X B G F A T L I A X P
C H L L M D S V C M S V W M N
R N Q K O G O R B F E R Y S E
T I E G Q U Q R I N N C I O O
S E E E G E A E X H Y H A H V
M E G C A Q D N P G N V E E T
S D E S S E L B D I N Z L M P
```

KINGDOM   THIRST   PURE   SATISFIED

EARTH   MEEK   HUNGER   PERSECUTED

INHERIT   MERCIFUL   SEE GOD   HEAVEN

BLESSED   MOURN   PEACEMAKERS   HEART

POSITIVE *Christian* ACTIONS

1 Peter 2:21 advises us: "For to this you have been called, because Christ also suffered for you, leaving you an example so that you might follow in his steps." A person's good works, actions and deeds are vitally important. Here are some ways to lead by example.

```
S  P  R  E  A  D  G  O  D  S  W  O  R  D  F
B  E  V  I  S  I  B  L  E  O  W  R  D  D  J
X  C  M  Q  W  H  J  O  E  A  B  B  R  W  P
J  I  F  R  I  C  F  D  B  E  Q  O  A  A  R
L  N  B  S  T  F  U  K  L  E  L  N  R  C  E
T  S  A  I  X  C  E  I  V  E  Y  T  I  O  N
N  P  Y  C  A  Y  E  I  H  W  I  J  D  U  C
E  I  H  T  H  V  T  T  Y  C  G  R  E  N  O
S  R  E  J  E  I  E  M  I  J  A  C  R  S  U
E  E  J  S  S  E  P  Z  H  K  E  A  E  R
R  K  S  O  I  L  A  V  K  I  V  A  P  L  A
P  U  P  A  X  T  U  R  E  S  J  R  E  A  G
E  E  R  V  E  B  O  C  E  S  S  F  R  P  E
B  P  Y  K  U  W  P  T  L  B  M  P  P  P  S
```

BE PRESENT	WORK HARD	SPEAK	PARTICIPATE
INSPIRE	ENCOURAGE	COUNSEL	BE POSITIVE
BELIEVE	EDUCATE	OBEY	SPREAD GOD'S WORD
BE VISIBLE	PREPARE	ACHIEVE	PRAISE THE LORD

GOD *Lights* THE WAY

The Scriptures often use "light" to symbolize God. For example, John 8:12 tells us "I am the light of the world. Whoever follows Me will never walk in darkness, but will have the light of life." Here are some other words that describe light.

```
K J R A D I A N C E Q C Z C G
B W P L U M I N O S I T Y K L
B I L L U M I N A T I O N I O
G N K S G E K K U E B T W G W
B N O Q H J C S A J G O W P K
S E S I S B G N U E C R A T S
U T A V T V T L A N R Z L G A
N X O C C A N Q R I B B T L Q
S Y C J O R I S L E L E Y L O
H E H M E N E D W X M L A A K
I C I T Q M L Y A A Q M I M D
N Q N Y A Z P W Q R Y V I R L
E A A L Z S U G H V R S Z L B
L R F D S S E N T H G I R B G
```

LUMINOSITY	RAY	BRIGHTNESS	STAR
LANTERN	DAYBREAK	RADIANCE	SUNSHINE
BEACON	IRRADIATION	GLOW	FLAME
GLIMMER	SUNBEAM	ILLUMINATION	BRILLIANCE

ROCKS AND *Gemstones* IN THE BIBLE

Rocks are symbols of stability and endurance, while gemstones are beautiful. In Revelation 21:19–20, John names stones that adorn the foundation of New Jerusalem. Can you find these rocks and gems mentioned in the Bible?

```
F A S O P N E L C N U B R A C
B Y Y U R K F X L A T S Y R C
C Y A M E T H Y S T O P E A P
N I X R K A P T I L I E R W O
J M H U C S O U L P S N Y N S
J X M B W P L M Y A E M Y A D
W I H Y A P E X R L F X P V L
J D L Z P X H P I D D P O H K
B A W R O T O A N W H W C E L
E D S P A S N O B I G K T F A
T J T P Y E M J R I U U V A R
A P P R E A P E P L R W M Z O
G P H A I R D L A R E M E X C
A C B D M E T I L O S Y R H C
```

ONYX   JASPER   RUBY   DIAMOND
CHRYSOPRASE TOPAZ   SAPPHIRE   CRYSTAL
EMERALD   CARNELIAN   CHRYSOLITE   PEARL
CARBUNCLE   AGATE   AMETHYST   CORAL

WHAT'S IN A *Name*

People have been given nicknames throughout time, including in the Bible. For example, Abraham was nicknamed the "Friend of God," and Thomas, the "Doubting Disciple." Here are other nicknames that can be found in the Bible.

```
M B W Z Z Q W H A R L O T R M
K A O M I S S I O N A R Y A N
X K D A D S N J Y N Z O R E W
O T Y F C E H N T P J T J I L
F M W C D I K E G E Y C S S G
U U O J U L R S A R H E G I F
I R O C K F A E O Y K P A Q R
R D A J T O S I Y I G N O D F
E H L S S R P T N A T Q K R E
D Q S G I E R G O K R X Q A P
N Y H B T H E Q I L G T R H M
U R G B P T S N H B A T E I Z
H S G X A A G W D Y H E Q B T
T O J N B F C M X J P O Z G J
```

WISE KING	MARTYR	BAPTIST	(weeping) PROPHET
ZEALOT	MISSIONARY	MAD	(salt of the) EARTH
BETRAYER	HARLOT	GIANT KING	(sons of) THUNDER
ROCK	FOX	FATHER OF LIES	

POLITICAL AND RELIGIOUS *Groups* IN THE BIBLE

The Bible mentions various religious and political groups. Sometimes their purpose is explained, while others are not referenced well enough to appreciate their significance. Here is a list that might bear further study.

```
S S Q Q H S E N I T R E B I L
A A T P X S N A T I R A M A S
D R M O X K N I R D E H N A S
D O E P I C U R E A N I S M T
U P M F D C J S I F S J S V Z
C S X B E O S U S T S S E R S
E A O X I J R N S E E N T U N
E I Y D B A A I E S T A I B A
S D L H X C N S T E I I V B E
B E T Z I E I O O B R D E Z L
I H J L L R L D G I A O L P I
K T B L A A G P R R Z R G W L
U U E H E F C J W C A E R M A
P H P Z L N A M B S N H N U G
```

LIBERTINES	EPICUREANISM	HELLENISTS	PHARISEES
SCRIBES	SADDUCEES	SANHEDRIN	SAMARITANS
ZEALOTS	THE DIASPORA	LEVITES	NAZARITES
GALILEANS	PUBLICANS	HERODIANS	STOICS

Evil

The Bible warns us that evil is ever present: Psalms 27:1-12 "The Lord is my light and my salvation; I will fear no one. The Lord protects me from danger; I will never be afraid. When evil people attack me and try to kill me, they will stumble and fall." There are negative traits in evil beings; here are some to watch out for.

```
R E P R E H E N S I B L E A D
P E R V E R T E D J S Z K I C
T I J O T B A P P W C T A L C
H W M Y W F R B Y I R B X O Z
S T G M H E R U O J O W R Y U
I S N Q O Q L H T L U R F N R
D U R E I R Q B I A U A H B I
N O E S C D A C A P L O A N W
E R T R Q I A L T C L V Y S I
I T S F Q L F L H Y I K X I C
F S I U Q J Q E E P S P R B K
I N N P F X D V L U E Q S A E
E O I K Z A O F N A R M J E D
T M S M B L R Z H D M C V R D
```

SINISTER

WICKED

UNHOLY

MALEFICENT

PERVERTED

IMMORAL

MONSTROUS

DESPICABLE

FIENDISH

CRUEL

BAD

DIABOLICAL

CORRUPT

BRUTAL

REPREHENSIBLE

DARK

NAMES FOR *Satan*

Once an angel who rebelled against God, Satan was exiled from heaven to earth, where he has wreaked havoc ever since. I Peter 5:8 reminds us to be vigilant: "Be alert and of sober mind. Your enemy the devil prowls around like a roaring lion looking for someone to devour." Here are other names for this evil spirit.

```
M O N K B R F R D K N O M E D
L E B E L E T H Y R D V E Z A
E Y P N X D L D O I A M R P N
V F I H G T X I A H X G O A L
I G R X I L S B A E H L O U I
A B I E E S O I L L Y C N L
T U T X V L T D R Y G I C E J
H B L G U I R O O H F E Z E F
A E K S V E E N P E C X Z D H
N Z D H T X L C R H U I Y U W
W L S P L I A R E A E B T Z F
U E M H V U P U Y D I L P N R
Q E I E F D B H B M Q L E H A
T B D Y R E R E D R U M J S B
```

DRAGON   APOLLYON   ANTICHRIST   BEELZEBUB

BELIAL   DECEIVER   LIAR   LEVIATHAN

LUCIFER   DEMON   DEVIL   MURDERER

TEMPTER   DIABOLUS   MEPHISTOPHELES

FAITH, HOPE and *Charity*

IN THE BIBLE, faith means trusting in God by believing that He exists, that He embraces humanity with steadfast love, and that He is faithful to His word. Abraham is the enduring model of faith. In Genesis, God instructs him to "Go ... to the land that I will show you" (Genesis 12:1). Although Abraham did not know where he was going, still he went. Repeatedly Abraham obeyed God's word, and God caused him to prosper.

Jesus taught that there was enough power in faith to "move mountains," while hope is the steadfast faith in God's promises. And charity, of course, is love. The word searches in this section bring into focus Christian virtues such as faith, hope, charity, courage, obedience and mercy, and also provide inspiration on how to serve God.

> "*May the God of hope fill you with all joy and peace in believing, so that by the power of the Holy Spirit you may abound in hope.*"
>
> **—Romans 15:13**

THE STORY OF 'AMAZING GRACE'

"**AMAZING GRACE**" is a Christian hymn composed in 1772 by English poet and clergyman **JOHN NEWTON**. He wrote the lyrics from personal experience, although his background was not particularly religious. After a stint in the Royal Navy, he got involved in the horrific slave trade. During a violent storm at sea, he was afraid and called out for God's mercy. After the storm, when he was safe, he decided to change his life and started a journey towards spiritual conversion. He studied Christian theology and was ordained into the Church of England. He wrote "Amazing Grace" to illustrate his sermon on New Year's Day in 1773. It was a lyric that aptly described his journey from unworthy wretch to grateful believer. It is estimated that this song is sung more than 10 million times each year and that its message of forgiveness and redemption still resonates around the world. ▪

?&A

Q *What were favorite pastimes in the biblical era?*

A *Riddles were popular verbal puzzles that tested an audience's wits and were favored diversions at banquets. A famous riddle was posed by Samson at his own wedding feast: "Out of the eater came something to eat. Out of the strong came something sweet." Unable to solve the puzzle, guests coerced Samson's wife into helping. It was impossible to solve the riddle without familiarity with an experience Samson had when he killed a lion and found bees and honey in its corpse (Judges 14:14–18).*

Amen to That!

An elderly couple, admitted by St. Peter through the Pearly Gates, found conditions there just heavenly. Said the man to his wife, "I could have been here two years ago if you hadn't fed me all that oat bran."

'BLESSED ARE THE MEEK, FOR THEY WILL INHERIT THE EARTH.'

- *Humility is an essential quality for the virtuous, and this message runs throughout the Scriptures.*
- *Biblical writers stress that to be humble, one must recognize God's power and one's own powerlessness.*
- *In the New Testament, Jesus provided an example of true humility. "Learn from me," he said, "for I am gentle and humble in heart" (Matthew 11:29).*
- *In Matthew 23:12, Jesus preached the need for humility: "All who exalt themselves will be humbled, and all who humble themselves will be exalted."*
- *The Bible values meekness, a quality that combines humility with gentleness. The meeker the person, the closer to God he is—and the greater his reward.*

CHRISTIAN *Virtues*

Although some people despair about the lack of values in our society today, there are many traits that can guide us in our journey to achieve a Christian life. Here are virtues that will help us to cultivate a moral Christian life based on trying to live and treat others as Jesus did.

```
R E S P O N S I B I L I T Y P
F M G O O D N E S S D T S R P
C A H H R F S X R I E P U P S
C U I S N K D A L M R D B A H
O W C T W H Y I P V E C A T E
M T Z K H S G E A N H Q R I K
P U Z A A E R P C A Y L B E I
A Y A K N A T E S T Y E K N N
S T N C N Z V T I T T G S C D
S S E C G Y I L I R V A W E N
I E E O I T I B U H F R D Z E
O N U C Y M O S Q E D U T J S
N O E O U R T I U R P O O B S
B H I H P Y T I R A H C S J S
```

GOODNESS	PATIENCE	COURAGE	KINDNESS
CHARITY	TRUST	HONESTY	HUMILITY
PRUDENCE	RESPONSIBILITY	TEMPERANCE	DILIGENCE
PROBITY	COMPASSION	CHASTITY	FAITH

Serving GOD

Deuteronomy 11:13 tells us: "Obey the commands that I have given you today; love the Lord your God and serve Him with all your heart." God has provided us with guidance in the ways that He expects us to serve Him and to behave towards others. Here are ways to show your love for God.

```
C H T A B B A S E H T P E E K
F O R G I V E P R Q P H X R X
V F K O L O V E G H J A M Z E
O V G G U P T E O O C Y L N Q
L W M K Y V R T V Q L A C L Y
U R O G K A C P L I K O E K W
N V D D H N Y U M I U Q N T Z
T D S S V G F A E R E L D C P
E U I W I Y F V A S Q D N B D
E C W Q O E I G L U P R A Y N
R B K J V G E E R U H R F Q V
A P E R E L P M A X E D O O G
N B E H C R U H C D N E T T A
L S S K S Y A S D O G S A O D
```

PRAY	GOOD EXAMPLE	ENCOURAGE (others)
DO AS GOD SAYS	KEEP THE SABBATH	LOVE (each other)
ATTEND CHURCH	SHARE	GIVE (offerings)
SEEK WISDOM	SERVE FAMILY	TEACH (others)
BE JOYFUL	VOLUNTEER	FORGIVE (others)

CHRISTIAN *Courage*

Joshua 1:9 reminds us: "Be strong and courageous. Do not be frightened, and do not be dismayed, for the Lord your God is with you wherever you go." Because God is always with us, we should be willing to be brave. What are other terms for Christian courage?

```
F U T I C O N Q U E R U D N E
O E C R D N O I T C I V N O C
R D X X U I U P L R C N I C S
T A E F R S M R I F D N A T S
I S Z D T L T U N U R V R G O
T U I R R Q Y I E B O E R O K
U R R A A E Z T N V N E P Q R
D C T U E B L X I G A M L W N
E Q T G H G M G T R O R Q W D
C E A N E N U H G R G D B E L
F V E O K I P W O U Y E G E U
B V F E A R O L A V R U T H B
E T E B T A W N Z P X T Z N N
F P D U I D F W B Q O E S E I
```

DARING	INTEGRITY	CONVICTION	TAKE HEART
ENDURE	BE BRAVE	STRUGGLE	CONQUER (fear)
FORTITUDE	STAND FIRM	TRUST IN GOD	(summon) STRENGTH
VALOR	CRUSADE	BE ON GUARD	DEFEAT (opposition)

Profiles IN CHRISTIAN COURAGE

Converting to Christianity in the New Testament era required true bravery and courage, as it was not a popular thing to do. Christians were often persecuted or even put to death when they became true believers. Here are some of those brave early converts.

```
V T Z R L L E W T A N A M O W
Q P R I S C I L L A Y M N H B
F E E S U M I S E N O K K L C
F Y A P O L L O S K I A I M A
V I M K S T J B P S U N T Q C
Y L T D J E S V M D D J U O S
O M Y X H E V U L B Y I R A S
D A B D U J I C E O L N U U V
A T V H I Z V G H A E L S U B
N T G U P A G C S L H A N H F
N H Y O G A U T I X N C D G N
A E R H R N T U A N D Y C C K
O W A H U Z S B A E F E U A R
J C M E S T P A U L U S A Y Z
```

BLIND BEGGAR   APOLLOS   ONESIMUS   WOMAN AT WELL

PRISCILLA   SUSANNA   SAUL   MARY (Magdalene)

ZACCHAEUS   JOANNA   CORNELIUS   (Sergius) PAULUS

MATTHEW   LYDIA   AQUILA   (Ethiopian) EUNUCH

TRUE MEANING OF *Kindness*

We are reminded in Ephesians 4:32 that "On the contrary, learn to be kind to one another, tender-hearted, forgiving one another, just as God in Christ has also forgiven you." Here are qualities associated with true kindness.

```
O O D T O L E R A N C E S Y O S
A E G O E N O I T E R C S I D
B I E H E T A R E D I S N O C
S W N S U A E D U T I T A R G
S K T C E M W V Y H T A P M E
E Q L V L R B M T C E P S E R
N Y E O Z U E L L K P H P P Y
E S N Z O O S N E K E B E P N
V E F C J I N I I N O C K F X
I T X L T U B D V T E Y A Y Z
G R F Y G F L O X E Y S H R O
R U G N I M U S S A N U S P G
O O X S S E N S S E L F L E S
F C H D B N E R U S O P M O C
```

COURTESY   GENTLE   DISCRETION   GRACE

EMPATHY   FORGIVENESS   TOLERANCE   SERENITY

CONSIDERATE   UNASSUMING   INCLUSIVE   GRATITUDE

COMPOSURE   SELFLESSNESS   HUMBLENESS   RESPECT

WHAT DOES *Kindness* LOOK LIKE?

Joshua 2:12 informs us to "Show kindness to my family, because I have shown kindness to you." Even the smallest act of kindness can mean so much to the recipient of the gesture. Here are things we can do for each other every day that can make a huge difference.

```
S O U P K I T C H E N T J V F
Z R A N I R O O D D L O H O L
S O N C I V S J E T S B O O H
R T I O P G T Y U V O D C D B
E U M A I A M P O L P A T L Y
T T A C Z C A X L A L N O R L
T Y L H A H O E N L E O E I S
I C R I N U H T I M D E S M A
L A E N I Y R B I D T T I Z C
G R S G A Y R L O N E L A P L
A E C S J A P N U N E F R P H
B T U D R M O L I X E J V R H
B I E Y O R O Y E F Q N J A W
S L L C J V M E T I L O P E B
```

BAG LITTER	SAY HELLO	SMILE	LOCAL LIBRARY
HOLD DOOR	VOLUNTEER	COACHING	LITERACY TUTOR
YMCA	LISTEN	BLOOD DONOR	ANIMAL RESCUE
FOOD PANTRY	SOUP KITCHEN	COMPLIMENT	BE POLITE

THE MEANING OF *Charity*

Acts 20:35 tells us: "In everything I did, I showed you that by this kind of hard work, we must help the weak … 'It is more blessed to give than to receive.'" Charity is the virtue of giving without expecting anything in return. Here are qualities associated with Christian love and charity.

```
T E B R G E N E R O S I T Y S
R D V Y H E C E R I F E Z E P
E E D S H A R I N G C G L H M
V D S M W H B B M N A F I Y A
I N A C U Z X R E R L L E L G
G A E Y U L B L W E A C M D N
L H J L P E O D S N N S M H A
U N H R P V E S T A G S A X N
F E R D E T S H T I I B W H I
R P X N A E R S V U A F O U M
E O E N R O I I R W U T D D I
E B O V P S N T C G K F F P T
H D I Y S G L X M O H R O I Y
C C Y A X A T L L I W D O O G
```

BENEVOLENCE   GOODWILL   DONATE   OPENHANDED

SHARING   GIFT   CHEERFUL GIVER   ASSISTANCE

PHILANTHROPY   SELFLESS SERVICE   RESCUE   GENEROSITY

ALTRUISM   ALMSGIVING   MAGNANIMITY

ACTS OF KINDNESS AND *Mercy*

Proverbs 28:27 tells us: "Whoever gives to the poor will lack nothing, but those who close their eyes to poverty will be cursed." The Bible provides us with many examples of kindness and mercy. Indeed, the "Works of Mercy" are exemplary. Do you maintain these practices?

```
I W F C C D V B M S T O F V G
N N E X O R X D S D B F W I Y
S W E C C U Q M C K J F V Q K
T B D M N Y N G B X G E P G P
R R T A F S M S K Q S R T R A
U E H W U M G X E H J S A D U
C T E C S G Y N E L R M F L L
T A H U E D L L O T W O H H P
R W U G J V T A S R N Y N Q V
O E N U Y E I A P I W E V E C
F V G L R P G G S H Y R R V G
M I R C A C L H R B I Y A J T
O G Y W K Z M K C O F P K E L
C L P L E H K O O F F J P M B
```

FEED THE HUNGRY

GIVE SHELTER

HELP (the sick)

PRAY (for others)

ADMONISH (sinners)

COMFORT (the afflicted)

FORGIVE (offenses)

(give) COUNSEL

INSTRUCT (the ignorant)

BEAR WRONGS (patiently)

OFFER (clothing)

GIVE WATER (to the thirsty)

Sainthood

Saints are former human beings awarded sainthood in honor of their devotion to God and other achievements. We know of the self-sacrifice that many saints made in service to God and the poor, such as Mother Teresa. Here are others who became saints.

```
H W C F R E H P O T S I R H C
V G Y M E X H X J E M O R E J
P A U K R A G E E L A Q Y L E
N A L L R R T J C M I R P E C
P Q U E E G W J T A O I Z N A
E A S L N W E H Y G F L Z D T
D L D W R T L N E O O I O X S
U U D A K D I R I K C Y N P U
J S A T U O G N C T C F R O E
I R H G A B R I E L S M W A B
N U T V M M R W T Z E U K J M
F J A B B T T W Z M S D G M L
H W G N A U X C M F Y U E U R
O R A P R T X S Z V D L W B A
```

JUDE

PAUL

EUSTACE

VALENTINE

CHRISTOPHER

HELEN

AGATHA

JEROME

AUGUSTINE

URSULA

PATRICK

GREGORY

BONIFACE

(Venerable) BEDE

(Archangel) GABRIEL

MARY (Magdalene)

EARLY CHRISTIAN *Martyrs*

Biblical martyrs were true believers who were often tortured and then killed as a result of their belief in Christianity and their refusal to renounce their faith. The stories of these martyrs, who were persecuted by ancient pagans, are found in many books of the Bible.

```
L L Z Q M T L P N E H P E T S
C L E I X O H A I R A H C E Z
E Z M D P L J M I R Z B P N K
C A W G R Z Z A Q H A I R U C
I A N D R E W U M Q R J V D I
L M Q Z B C O T C E S E N G A
I A E R U H C W T J S N M V B
A U Q H U Z S E L R U W O I C
F R I E D A P X A H A I A S I
G A N N P N T H B F Y L U A P
Z E U I O E T F N G T Y A H O
F L T M F A S C P E F M C W K
E N I Q G X Y H T O M I T U Q
A S L A Y W Q C K C D Y B Y L
```

CECILIA	SIMON PETER	STEPHEN	AGNES
MAURA	URIAH	JAMES	PAUL
TIMOTHY	ZECHARIAH	ANDREW	AGATHA
ISAIAH	LUCY	ANTIPAS	

TRUE HOPE COMES THROUGH *Christ*

Biblical hope is the expectation that God will fulfill the promises He has made to His faithful. God calls this "living hope." God possesses all the power needed to fulfill His promises—can you name them?

```
S O B V F H F C S U E D I U G
E H S E C N A H C D N O C E S
C D O N T R U H E V I V R U S
U L E P O Z N S G F Z K B E Z
R B D L E I C O E M N M F Q J
E W H Q I P T K I O E I D B C
R V O R T V U C I T L U Z T H
E A E X U V E S E L A Y F A A
S X V K Q X S R A R J V B Y N
T G I D Q A E N A L R C L B G
T S G B P U R Q A N O U U A E
D Q R M W E X U E C C V S D S
G S O S T R M N E C V E E E C
L C F E B A T O W A I A I J R
```

GUIDE US	ETERNAL LIFE	DELIVERANCE	SECOND CHANCES
HOPE	COMPASSION	CHANGE (your life)	RESURRECTION
LOVE	SURVIVE HURT	FORGIVE (the past)	SALVATION

TRANSFORMATIVE HOPE OF 'Amazing Grace'

1 Peter 1:13 reminds us to "Set your hope fully on the grace that will be brought to you at the revelation of Jesus Christ." The verses of "Amazing Grace" inspire us to believe in hope and remind us that it is a major part of our faith. Here are some of its poignant words.

```
E K G B A B D W V R K Y O J S
F S Q O A Y R I E J W V X A C
B E U G D E P L D F C O V Q M
J C D D T S I F Q X A E M B D
L U J C H E P L R D D E P C N
V R H F V C K R S C X P E T U
S E M E O C D P A T H O A Z O
D S D T O K J E V I K H C H F
X C Y S O U N D V F S Z E J U
K A U B V W T J J E D E N E G
D E L T O Y W I Y Q I N R N T
F K S E R L U V K Z H L I N B
Z O E I X R A E F X F G E L D
L S K K T E E W S P O T W B B
```

BELIEVED	LOST	SECURES	FOUND
WRETCH	SWEET	BLIND	SEE
HOPE	FEAR	GOD'S PRAISE	JOY
RELIEVED	SAVED	SOUND	PEACE

WHAT DO WE CALL TRUE *Believers?*

In the Bible, true believers are identified in many wonderful ways, such as the "heirs of salvation" in Hebrews 1:14. In this word search, can you find other terms used in the Bible to describe true Christians?

```
B C H R I S T I A N S O G B B
R K E L S K O C P V M B U R B
P R D I W T J B D K E P O P D
A C V G V J Q L E L B T N H K
X H P H M O R T I D H K F J T
Z F T T E H Z E B E I I X Z O
S H W B L A V N R Z K E F J L
I L U U E E S M X F O N Z W
S V N Q R R X W X S G C C T F
T D Y S D E F A B I H L X B Y
E J Z L Q Z X Y L D O G E H T
R K I C N U O X Q A S R I E H
S H T R A E E H T F O T L A S
C H O S E N H U E S I M O R P
```

BROTHERS

SISTERS

BELIEVERS

CHRISTIANS

CHILDREN (of God)

CHOSEN (people)

OBEDIENT (children)

THE GODLY

HEIRS (of promise)

SALT OF THE EARTH

LIGHT (of the world)

(children of the) PROMISE

CHRISTIAN *Obedience*

Hebrew 5:8–10 tells us that Jesus "Learned obedience from what he suffered and, once made perfect, he became the source of eternal salvation for all who obey him." The Bible teaches us the importance of obedience, and here is some of what the Bible recommends.

```
K B G N I H C T A W E N O O N
C L E A R C O N S C I E N C E
F E P U Z G T T G L X T R L N
L S J U I I R X D Z R Y S E O
O S I Q E X N E E A V I C B S
H E N Y N U T O E S R E E R B
C S Y H Y A G H I B S Y S N F
E O H E V P E O C S G F P C D
R D W I B H N I A O I N K E Q
W R T B T Q Q R D J H C I C R
A O A M Y P Y L S R P E E W Q
M N O H E S I T A T I O N D T
J R Q L K F O O R P I D M O A
F P Y C K P N G T O Y Y K W D
```

A DECISION

NO HESITATION

KEY (to long life)

NECESSARY (to follow)

MOTIVATED (by faith)

(comes) FROM THE HEART

OBEY GOD (not men)

PROOF (of God's spirit)

DONE (wholeheartedly)

BLESSES (those who delight in it)

(results in a) CLEAR CONSCIENCE

(done even when) NO ONE WATCHING

Justice IS LOVE

The Bible equates justice with love. In Micah 6:8: "What is good; and what does the Lord require of you but to do justice, and to love kindness, and to walk humbly with your God?" We are asked to follow God's word and do what is just. Here are terms we use today about justice.

```
F E Z F Z Y Y T I R G E T N I
A Q E X P G R Y Y E U N I H O
I U H T U R T F T T E V E B E
R A O W Q G J A J I S G J T K
H L H J Z M M C Q V L E D R I
P I U P C I A C S Z C I N U M
L T K O T Z D S F T E E V O J
V Y D I S D E E I J X D U I H
J E G P C N X V A H N G L R C
H E N B T O I N B U S Y Q W Y
L M L H G T U F C V Y E Q T R
Q W G I Y P C R W H X V L S T
K I U K T O O B T A M L K U M
R M I M P A R T I A L J U J R
```

JUDGE	EQUALITY	LEGITIMATE	COURT
IMPARTIAL	RIGHTNESS	RULES	CIVILITY
CODE	INTEGRITY	TRUTH	LAW
HONESTY	JUST	OBJECTIVITY	FAIR

THE *Judges* OF ISRAEL

The Judges of Israel were described in the Bible (predominantly in the Book of Judges) as those who served, often as military leaders, and led their nations. Here are names of some of those who served the Lord.

```
U W A O N M A F Y N O E D I G
E A Z T B E B Z T Z W R M H D
L B T H M B D R O C E Q K E G
I I C N K Y O Y L P K H B X N
R M W I U A N R A X T O Q X S
F E A E M B L C K O R U H A K
R L I L E H U S H A T K M P A
F E K B H H A G H Y M U J T X
Z C W F Z N L H V U E K Q S O
L H E V O A O R T L L Z O I E
D K L L T M N S W H B R U S T
U X O W H M X J M E P N I V F
H M N V A V R P E A A E E A O
E Y S H A M G A R P S H J K J
```

JEPHTHAH   ABIMELECH   ELON   ELI

JAIR   EHUD   GIDEON   OTHNIEL

DEBORAH   ABDON   SAMSON   TOLA

SAMUEL   IBZAN   SHAMGAR

TEMPERANCE AND *Moderation*

Proverbs 14:29 informs us that "Whoever is slow to anger has great understanding, but one who has a hasty temper exalts folly." God urges us to avoid excessiveness and to be moderate. Here are behaviors to emulate.

```
C H A S T I T Y P T P Q K M Q
M R X M S N O I T A R E D O M
T L F R E D U T I T R O F D S
N W O E L C O M P O S U R E S
O E E A F W J A B V S J N S S
I C C S C X T U Q I V F P T C
T N N O O G H N K H O U O Y A
E E A N N J I B I V K I I T U
R D L A T X H M O A C D S I T
C U A B R J Z J W I R N E G I
S R B L O V M E S B Z T M M O
I P E E L E L M A J O S S H U
D C A L M N E S S U U S F E S
S E L F D I S C I P L I N E R
```

MODERATION   FORTITUDE   DISCRETION   CHASTITY
PRUDENCE   REASONABLE   BALANCE   SELF-CONTROL
COMPOSURE   STOICISM   RESTRAINT   SELF-DISCIPLINE
CAUTIOUS   POISE   MODESTY   CALMNESS

BIBLICAL *Journeys*

From following Noah's descendants as they traveled from Mount Ararat to Babel to chronicling Moses' trek out of Egypt to Midian, the Bible is filled with stories of people on amazing journeys.

```
Y K S I L A S A M A H A R B A
L G A I Z E R E H O B O A M J
S E J A O A N H U R V J U C B
U M E W B S Y K A X U S L A A
X V S I J E L Q T K P T R W Y
C L U M H N H I S R E N H N M
R Q S U A H R S B N A B J I W
N Y P M P B F V F B Z L E E I
U J A E O Y P V A O E F N R S
D A S C R I Q S D O N L A I E
N O A E L C W M I V L E Q M M
J J T I Z O E G V Q A U E U E
L E H G Q W H O A Y Y C A U N
P P W L J R Q C D Q H R J P Q
```

PHILIP   RUTH   JESUS   WISE MEN

NAAMAN   JACOB   JOSEPH   DAVID

SILAS   ABRAHAM   REBEKAH   PAUL

PETER   BARNABAS   REHOBOAM   QUEEN OF SHEBA

COUNT YOUR *Blessings*

"Count Your Blessings" is a wonderful hymn that reminds us to be grateful. We are lucky to be able to count our blessings while bathed in God's love. Can you find the words from the beloved verses?

```
L J H T A H F E N O Y B E N O
A W O R D W W Q Z J L L L V T B
N H H K S N V Z D Y Q E R E I
G R V E K Y O C O W D S H M L
E P K I A P I C X N C S L P L
L E Y E L V Z R E U M I B E O
S N U Q G E E S O P F N N S W
D O N E P Z Y N G O M G J T S
K G L X M E C N E D P S D C D
Y T Z W N Y I Q P E T R R G N
M F N R J G V D Y S S V A W E
J W U U N O O S R S O C W C T
U O V I O C K P M O L I E A T
J Z S I W C K E S T L A R B A
```

REWARD	ANGELS	BILLOWS	BLESSINGS
TOSSED	TEMPEST	HATH	ATTEND
JOURNEY'S END	SINGING	HEAVEN	COUNT
LOST	LORD	ONE BY ONE	DONE

THANKS BE TO *God*

Psalms 100:4–5 tells us: "Enter His gates with thanksgiving, and His courts with praise! Give thanks to Him; bless His name! For the Lord is good; His steadfast love endures forever." Here are some suggested words for prayer.

```
T G R A C E A V X P T N X R Q
N J S F L A M E N V U K D E H
O O R T A T Y E W C J D J J O
I Y Z R E T S U X G H Y O O L
T E H I P W R A G U N D N I Y
A Y A B S N F N F O L I I C N
C D S U Z M I E I D L T N E A
I W U T G S P T V H A T S Q M
L N Z E S M A R P Z P E X G E
P O A E E C V O R J E P T Z H
P B L E O J W O R S H I P S E
U B T V A N O I T A T L A X E
S S N P W L H Y T H G I M L A
E I M X N O I T C I D E N E B
```

ALMIGHTY	BLESSING	WORSHIP	TRIBUTE
STEADFAST	EXALTATION	ESTEEM	GRACE
EXULTS	REJOICE	BENEDICTION	JOY
HOLY NAME	AMEN	INVOCATION	SUPPLICATION

IEREMIA

THE WORD OF *God*

AT THE HEART of the Bible is the word of God. It is through His word that God revealed His will and purpose in humankind. God often chose a specific person, such as a prophet, to hear and convey His word. To deliver His covenant laws, God spoke directly to Moses, who "wrote on the tablets the words of the covenant, the Ten Commandments" (Exodus 34:28).

In the New Testament, the phrase "the word of God" often signifies the Christian message preached by the Apostles and others. The word searches in this section focus on the Scriptures and their teachings. It is said most astutely in Proverbs 30:5: "Every word of God proves true; He is a shield to those who take refuge in Him."

"See if I will not open the windows of heaven for you and pour down for you an overflowing blessing."

—Malachi 3:10

BLESSED ARE THE PURE IN HEART...

- *Blessings can be either spiritual or material.*
- *The "blessed" person is in a state of happiness, enjoying health, prosperity and long life.*
- *Such blessings are a sign not only of God's favor but also of God's presence in the world.*
- *Mortals do not actually possess the power to confer blessings, so they must call upon God for them.*
- *Even those people who are materially poor may possess spiritual blessings far greater than anyone can imagine. Jesus articulated this paradox: "Blessed are you who are poor, for yours is the kingdom of God" (Luke 6:20).*

BIBLE DEFINITIONS

BELIEVER In the New Testament, someone who believes that Jesus is the Messiah

BYWORD An object of derision; usually applied to an individual who has incurred the wrath of God

DOUBLE-MINDED Wavering in thought; having doubts; having divided convictions or loyalties

DOUBLE-TONGUED In the original Greek, to repeat oneself; in I Timothy, to speak insincerely or inconsistently, such as to different listeners, or to be hypocritical

OBJECT OF HORROR A people or territory punished by God, resulting in such grave devastation as to horrify observers

OBLATION A sacrifice or offering

PROSELYTE A new convert. In the Bible, the term specifically refers to a convert to Judaism

SAGES Wise men; often officials of the royal court

SEER A prophet; one who receives a message from God. In some biblical passages, it refers to someone who offers advice to a leader

VIRTUE A quality considered desirable in a person, such as courage, justice or self-control, as defined by Platonism and Stoicism ∎

Q *What is a psalm?*

A *From the Greek word **psalmos**, meaning "song," a psalm is a poetic song of praise, prayer, lament or reflection. Often exquisitely composed, the psalms are among the most beautiful writing in the Scriptures. Psalms vary in terms of purpose and content. They include hymns or songs of praise, which call people together to praise the Lord, psalms of thanksgiving and psalms of lament.*

:) *Amen to That!*

During a Sunday service, the pastor asked the congregation for their intentions. We heard the usual requests to pray for sick people and the acknowledgments for those who helped when a parishioner died. The somber mood was broken when the last intention was heard.

A woman stood up and said, "My granddaughter turned 16 this week and received her driver's license. Let us pray for us all."

Hallowed BE THY NAME

God is known by many names in the Bible. Can you find some of these other terms for God in this word search?

```
D R G W A I U D R E H P E H S
R I E B C L H N W P G B W Q M
K K V D Q G M T R M C X R Q A
G C C I E N B I S E T C E O S
K R A L N E O Z G O K M H V T
O E G U J I M Q H H H A T P E
S A U Y P B T E Q A T A A D R
S T W G M W C Y R H I Y F R Y
E O J I J G R E R E V I L E D
N R L L P C J V D N D P V T V O
I M E S S I A H H A V O H E J
L V P G N I E B E M E R P U S
O R X S A V I O R K I N G J I
H H O L Y S P I R I T W P N Z
```

MESSIAH   KING   HOST   HOLY SPIRIT

FATHER   SAVIOR   ALMIGHTY   MASTER

SUPREME BEING   HOLINESS   DIVINITY   DELIVERER

CREATOR   SHEPHERD   JEHOVAH   REDEEMER

IN THE *Beginning,* GOD'S CREATION

Genesis 1:1 tells the story of Creation: "In the beginning, God created the heavens and the earth." Can you find items in the list below of "all that he had made"?

```
Y D L N N A M O W D N A N A M
A M A I Z M R W O S T N A L P
Z L J F G W E S D N Y O M B K
Y Y L G I H S U S I W A E F B
X L M C N P T J T G M I D U D
N S O L R P V T M H B Y L D H
U N O Q J E R G O T J S W S O
S I N U W B A R S I H N Y Z Q
S A S Y N S M T T Y R D X K Y
E T V H P S R O U M D K N H S
O N H L T E S U Y R T H C A B
L U D T T R T F Y T E V J Y L
G O I A J Z A C F B R S A J D
O M W V T J C E S N O S A E S
```

LIGHT	SKY	PLANTS	ALL CREATURES
DAY	EARTH	SUN	MAN AND WOMAN
NIGHT	LAND	SEASONS	REST
WATER	MOUNTAINS	MOON	

OTHER *Names* AND TITLES FOR JESUS

The Bible tells the story of our Lord Jesus Christ; his life, his leadership, his death and Resurrection. Jesus has many, many titles. Here are just some of his names and references.

```
D  I  W  W  I  O  C  P  N  O  I  L  U  W  M
W  A  A  I  M  G  C  L  J  Y  Y  E  J  C  S
A  N  S  M  T  E  I  D  O  G  F  O  N  O  S
O  O  M  H  B  D  W  R  A  F  M  I  D  X
X  I  E  W  T  I  E  I  T  O  V  D  N  F  B
L  N  Q  A  S  D  N  S  A  M  W  P  R  R  P
A  T  P  X  E  O  T  E  S  T  K  E  E  I  N
S  E  G  T  I  G  Q  S  T  N  O  A  H  M  E
T  D  D  M  R  F  H  T  J  A  D  R  D  T  N
A  O  A  I  P  O  M  T  S  U  C  Y  Q  X  A
D  N  G  O  H  B  K  I  H  I  P  O  V  C  H
A  E  E  Y  G  M  N  P  T  G  R  N  V  Z  P
M  E  M  F  I  A  Y  B  U  N  I  H  T  D  L
L  X  O  T  H  L  Q  F  G  Z  I  L  C  F  A
```

LAMB OF GOD	LAST ADAM	ADVOCATE	HIGH PRIEST
I AM	ANOINTED ONE	ALPHA	LIGHT (of the world)
CHRIST	WITNESS	OMEGA	SON OF GOD
MEDIATOR	BREAD (of life)	THE WORD	LION (of the tribe of Judah)

Symbols AND EMBLEMS OF CHRIST

When we think of the many symbols of Christ, some that spring to mind are "shepherd" or "dove." Or "Alpha and Omega." But there are other perhaps unfamiliar emblems of Christ mentioned in the Bible. Here are other lesser-known motifs.

```
V I N E P F M M B P M T O O R
J F W A N C H O R R G H C F R
Q W E C K Z T B V E C Q B O F
H Y A R X G O O W C D E C Q N
L Z G N E Z E Q H I N K S P F
E E L K C L Z E W O X U X U D
S Y E O P Z N G T U N Z Q K T
P P Q M O R H S W S H G P N R
F K E T X P R U Q S F E L O U
J T W H T E V H T T H Y S I D
B X L H N E O D I O R E O L A
S C G R D Z R S R N C Y D Y E
A I O P O L Y U R E B W V O R
L C S O F S S Z Q I F L A C B
```

ANCHOR   LIGHT   ROSE   PRECIOUS STONE

EAGLE   LION   CORNERSTONE   SUN

BREAD   OX   TEMPLE   CALF

HEN   ROCK   VINE   ROOT

Teaching, AN HONORABLE PROFESSION

Teachers are often cited in Scripture. For example, the Apostle Paul taught the word of God and gave his criterion "able to teach" in 1 Timothy 3:2. Here are names of some teachers mentioned in the Bible.

```
M A N A E N E M B D S U S E J
Q R M Q J K O S K A O N G B A
Z D K F K S E W V T O C C Q D
S H S Z E O Z B W E J Z U A H
U I A S K L B D M F W I V N K
I C A W W D Y I L C L I N C X
C S L R P H S S W A D U O M G
U O L D E Y N U A H D L C I F
L L I P C O H O K B A T U C A
D L C L L U T T M T A I E A L
A O S M F L X H O O W N S L P
R P I H W V X K V M L T R O W
Z A R J Q D N U B W I O G A J
E T P M H L E U M A S T S U B
```

MOSES

SAMUEL

DAVID

SOLOMON

JOSIAH

EZRA

JESUS

BARNABAS

SIMEON

LUCIUS

MANAEN

PAUL

APOLLOS

AQUILA

PRISCILLA

TIMOTHY

Who CAN YOU TURN TO?

When it comes to questions about issues that affect your life, family and community, or that shape your faith and relationship with God, you need to have a network of people willing to help and guide you through any concerns. Here is a listing of potential resources.

```
G Y I O Z X U K D H A M A H P
O R U K X Q S D N E I R F A P
S T A O W E B S I T E S S R P
C E Y N B P N J Z B D T A V P
H A N K D I U Z M W O Y H A J
O C X X K P K O I R E G R A A
L H M R N J A A R R X E H K H
A E F E I V A R L G N N L H C
R R N Q A C M X E T E D M L U
S E O R L W E L S N P L E W Y
M L C E P Q S M I V T R B M H
S B A D A S K O O B G S O I R
B I E L H C D U M Y B X B R B
P B D E C E L I H C R U H C X
```

PRAYER	ELDER	CHURCH	WEBSITES
PARENTS	FRIENDS	BOOKS	SCHOLARS
PASTOR	BIBLE	GRANDPARENTS	CHAPLAIN
DEACON	TEACHER	BIBLE GROUP	CLERGY

Psalm 41

Psalm 41:9 is believed to be about betrayal. "Familiar friend, in whom I trusted, which did eat of my bread, hath lifted up his heel against me." Here are words from this verse that might resonate if you've ever felt the sting of duplicity.

```
M E L B U O R T G V S U U S E
B L E S S E D F A I M M B F H
E N E M I E S Z N S S N M M U
R G V L G H L N Q S Y F W V R
J E N I H N E R P M U I R T
D B Q I N D I K R E V I L E D
D G L U H T O T K E R D W K D
P X Y U I S E F S O P Q R G H
U E R E F T I G L A W S F M B
M W R R T I E U R X L V I E E
I E G I E E C H G I A R Q H T
X M A T S X A R V N T M E A W
I Q A A I H R W E P A Y R V J
W H D E V I S E D M L L I X E
```

TROUBLE

DELIVER

ENEMIES

LANGUISHING

MERCIFUL

SINNED

PERISH

HATE

WHISPER

DEVISE

HURT

REQUITE

TRIUMPH

INTEGRITY

BLESSED

EVERLASTING

Psalm 95

Psalm 95 is a beloved passage that expresses praise for God. "O come, let us sing unto the Lord: let us make a joyful noise to the rock of our salvation... For the Lord is a great God, and a great King above all gods." Here are some words from this psalm that are a call to worship.

```
I U K A A L D E V C A K P T G
G M N C Z B O O P F G R H Y Y
Q L E X K K B I W R X A L I M
C J E T Z B H F D N N N D W H
P G L V Z S O L Q K F A R I S
L A I H R I B W S X Q K L T A
P S S O X O G G I E L L R N D
B W W T R N I F B R S E R E O
A Y Q O U V Y Q E E N K Z G H
S L M M I R P B E G R K S W A
E W I N B E E K T C K O R I D
D K G A E O A H D H I D F R H
A P E H W L Z W C C J O Z E H
M S S S Q D Z G H E A R V W B
```

THANKSGIVING	HE	DOWN	SHEEP
STRENGTH	MADE	KNEEL	HEAR
HILLS	WORSHIP	BEFORE	HIS
SEA	BOW	PASTURE	VOICE

GOD'S Words

Despite being banned at various times, the Bible has endured over centuries to become the most revered book of all time. The Bible is God's word and in the King James Bible, there are over 750,000 words. Here is a list of some of the most frequently used nouns that might provide us with more insight into God's voice.

```
T V E A R T H V B B H S N O S
Q B M T T J A J M I A L U Q W
Z K A C U V D B Q Z N Y V O Z
C L N J I D D R Z N D V R Y X
T H I N G S B X O E E D M K O
G E X T W G F O F L S V I H G
O C H P K D I N N B B N A L T
D U N Y Z O N E D E G X D E E
C R C T J E R A A V N T O H
W I I C L D T T L E H H E A T
H G D P L K C U U S Q A E D X
C B O I J S Z M Z U T R A E H
K E H R P P K U X O N O S F M
P C K N W I L T A H Q T Z H I
```

LORD	KING	THINGS	HEART
GOD	HOUSE	HAND	HEAVEN
MAN	CHILDREN	EARTH	WORDS
PEOPLE	LAND	SONS	

IMPORTANT *Sermons*

Most Christians would cite the Sermon on the Mount in Matthew 5:7 as the most inspirational discourse. Throughout over 30,000 verses in the Old and New Testaments, who else was responsible for delivering important sermons or discourses in the Bible?

```
H M M O S E S W B D E T B P J
H E P I W Q Y D A S L S Y A A
A J J E A J V G A T I I N U M
I Q O X T P I M M T J T A L E
S Z S G C E U U N J A P Q Q S
O H H I X E R E U Z H A K K J
J S U J L A H H T N X B C D E
B E A K A P M A J L R E C N S
F G W G E B G I B Z S H P O U
U B T T N D H K Y Y U T N M S
D G S R I A A E F N G N O O P
U N H V N G U Z J E D H R L L
Y A A O G K G E D Y V O A O Y
H D J T B E R H S T W J A S X
```

AARON	DAVID	JONAH	JAMES
MOSES	SOLOMON	JESUS	PAUL
JOSHUA	ELIJAH	STEPHEN	HEZEKIAH
SAMUEL	JOSIAH	PETER	JOHN THE BAPTIST

Deadly SINS

Although the seven deadly sins are often cited, the Bible mentions more than 100 transgressions that can come between the sinner and God. Romans 6:23 reminds us: "For the wages of sin is death, but the gift of God is eternal life in Christ Jesus our Lord." Here are some of the sins mentioned in the Bible.

```
P  O  D  I  S  O  B  E  D  I  E  N  C  E  V
C  R  J  X  Q  N  Y  M  E  H  P  S  A  L  B
E  L  X  S  M  X  L  Y  N  O  T  T  U  L  G
N  C  A  G  E  O  Y  T  U  L  B  U  A  Z  W
V  V  F  C  S  B  F  S  H  I  E  R  O  G  Y
Y  M  U  Q  K  D  I  E  I  D  E  R  T  A  H
E  K  L  G  E  O  P  R  Y  R  T  Y  T  J  C
N  A  P  E  K  A  F  R  B  Y  C  Y  J  K  W
H  Q  R  C  R  Q  T  M  R  G  T  O  S  N  R
I  G  Q  Q  Q  A  H  E  E  E  N  B  P  Y  A
G  Q  O  K  L  T  K  C  Z  R  D  I  K  Y  T
M  Q  F  O  O  C  I  L  J  M  C  I  K  X  H
R  K  D  L  O  X  Q  W  T  N  L  Y  R  A  S
C  I  S  M  F  K  W  N  T  S  U  L  N  P  T
```

PRIDE	LUST	TAKING BRIBES	LACK OF MERCY
ENVY	SLOTH	MOCKERY	HYPOCRISY
GLUTTONY	WRATH	RAPE	BLASPHEMY
GREED	HATRED	IDOLATRY	DISOBEDIENCE

Galatians 6

Galatians 6:7–8 reminds us: "Do not be deceived, God is not mocked; for whatever a man sows, this he will also reap … the one who sows to the Spirit shall from the Spirit reap eternal life." Here are words from this passage, which reminds us that we must work to overcome sin and restore the spirit.

```
C J M M Q E V O R P Z R P U G
M O R B C O Q T U T O G Z R F
M Y R E R T L U A F I I A L I
G S J R S E W W A S M C E V T
A L C D U T T L Y Z E S Y E G
R A R E H P O H T F H U M D N
Y H E K T W R R P C P D E E
S T A C E L F I E E T D B I K
N E T O V A R M O E N M A F A
E H U M I H F L D N Q W A I T
D C R F E S S E N K E E M C R
R A E O C J D O M U W K D U E
U E J N E Q Y Y Y M V X X R V
B T V X D H T O W L E H O C O
```

BRETHREN	MEEKNESS	PROVE	CORRUPTION
OVERTAKEN	TEMPTED	TEACHETH	CREATURE
FAULT	BURDENS	MOCKED	CRUCIFIED
RESTORE	DECEIVETH	FLESH	GRACE

GIFTS FROM THE *Holy Spirit*

Different kinds of gifts bestowed freely by the Holy Spirit upon believers are described in the Bible. These gifts are given to believers to glorify God, enlighten the believer and edify the church. As described in Romans 12:6–8, I Corinthians 12:4–31 and Ephesians 4:7–16, please find some here in this word search.

```
I P K L E M I R A C L E S M H
N G N I D N A T S R E D N U R
T O O G Q P J G N I H C A E T
E E W I R O V L X K M N P W G
R V L V M C G V M Y O I O H N
P A E I K X W O C I H O E T I
R N D N B C D E T S M A R X R
E G G U S H A E E L V N L E
T E E Y I P T L R I J I F F T
A L K W O R T C N Q U V B A S
T I U R O S Y G T D E O Z I I
I S P H O E T V L M F D O T N
O M X P T O N G U E S H Y H I
N E A F I O P W A D K Y N M M
```

APOSTLESHIP   TONGUES   UNDERSTANDING   MERCY

PROPHECY   INTERPRETATION   GIVING   FAITH

MIRACLES   KNOWLEDGE   EXHORTATION   EVANGELISM

HEALING   WISDOM   MINISTERING   TEACHING

PSALM 119, THE *Word* OF GOD

Psalm 119 is widely considered to be one of the greatest chapters on the word of God: "Blessed are the undefiled in the way, who walk in the law of the Lord. Blessed are they that keep His testimonies, and that seek Him with the whole heart … they walk in His ways." Here are some key words from this psalm.

```
P L M M T S E C N A N I D R O
R Q F K N R B L S E I C R E M
E Q Y R C R D Y F M X R A Q H
C C O M M A N D M E N T S E D
E S A L V A T I O N J D A T X
P M P W Q H X E T B B R R Y E
T I C B O Y Z S T C T D E E H
S N I M Y N E F E N E X Y W F
D Q Z W G T D C C E C P R F J
R T U J U S I R I C S I S S G
O A P T P P T M O T F I E E U
W A A H E Q O W J U S N A K R
G T B C E Z A A E Z S U P R A
S U Y G K L B Y R L N S J K P
```

KEEP	HEART	PRECEPTS	JUSTICE
STATUTES	HEED	WONDROUS	MERCIES
RESPECT	WORD	LAW	SALVATION
PRAISE	REJOICE	ORDINANCES	COMMANDMENTS

PSALM 19, IN *Celebration* OF GOD

The Book of Psalms is so beloved because it helps Christians express love for God. The psalms are filled with beautiful language that best articulates joyful feelings of prayer and praise. Psalm 19 is a wonderful celebration of God's written word. Here are some important key words from this psalm.

```
U W T E S T I M O N Y R T B L
E N L I G H T E N I N G N A Q
K Z M K R O W Y D N A H N U T
A A E N D U R I N G G W A S
M F I R M A M E N T U K B Q C
O Z P H Q E E W E A B E Y K I
O R S C C I M C G D R I Q P R
R V E I R T A E R N G Z R I C
G G P M M R K T A E J U B Z U
E N Q V E P K C T Y T Z U Q I
D O H K H E L S K F E E B S T
I R X D U E D E E O S N E B P
R T C U Y X S E I D K P O W Y
B S D B K D J R R R I K G H S
```

FIRMAMENT	SUN	RACE	ENDURING
HANDYWORK	BRIDEGROOM	CIRCUIT	SWEETER
LANGUAGE	SIMPLE	TESTIMONY	HONEY
TABERNACLE	STRONG	ENLIGHTENING	REDEEMER

Places JESUS VISITED

The Bible tells the story of the life of Jesus in the New Testament, and the narrative includes the names of numerous locations where he lived or traveled to. Much of his life took place in Galilee and Judea, but there were many other places as well.

```
M Z B S A I M U A N R E P A C
O G E A G N A Z A R E T H X O
U O T M Y H M C V G A R Z J C
N L H A R K O W J X P R A R N
T G L R A Q C U P M T C D A G
O O E I V I N A U P O P I S J
F T H A L K C I N B C N Y D Y
O H E L A N R L S A W Z E G W
L A M F C O J W G X W Z Z K E
I U F A T Z E A H T A B B A G
V V K E E L I L A G F O A E S
E S A H L B V X L A P L B E A
S R H D Y N A H T E B W B B D
P B O C L L E G A H P H T E B
```

BETHANY   CANA   GOLGOTHA   PRAETORIUM

BETHLEHEM   CAPERNAUM   JACOB'S WELL   SAMARIA

BETHPHAGE   EGYPT   NAIN   MOUNT OF OLIVES

CALVARY   GABBATHA   NAZARETH   SEA OF GALILEE

TYPES OF *Feasts* IN THE BIBLE

Matthew 26:17–30 tell the story of a feast of unleavened bread—or what most Christians refer to as the Last Supper. But there are many types of banquets, suppers and feasts described in the Bible. Here are some of the occasions that called for commemoration or celebration.

```
C R N U D C I K E E L I B U J
W E D D I N G R E V O S S A P
T P E N T E C O S T S V A M L
A W S X P H A J C D Z F M D O
B P T T U N V D S D Z U Z R P
E H R G I D O I R T L B D P D
R E U U V U V I N V X I W G V
N E M V T O R E T Y N E I Z Z
A H P G H V M F Y A I O Y H Y
C E E P M E C X T M C V I H S
L T T I N X R I P S I I C N C
E D S O S H O U U Q R R D V O
S W T S P N L Y B T Q I U E A
Y A S A B B A T H U Q R F P D
```

PURIM

TABERNACLES

WEDDING

DEDICATION

ORDINATION

SABBATH

JUBILEE

PASSOVER

FIRST FRUITS

PENTECOST

TRUMPETS

ATONEMENT

TYPES OF *Fools* IN THE BIBLE

During biblical times, in addition to other character traits, the definition of a fool included the fact that the person chose to disregard God's word. Bible chapters cite characteristics of various fools, and it's an interesting list of attributes. Can you find these undesirable qualities in this word search?

```
S H O R T T E M P E R E D P I
G I O N R N T A S W R I K P G
X G R I D E M E D D L I N G N
U I C N U N P R E P A R E D O
F H G F P E N R Q T Y C T C R
B C P K F S R X G C J L R P A
S E X U A L L Y I M P U R E N
G O D I S O B E D I E N T U T
N G Y D E R E T N E C F L E S
I P H I L O S O P H I C A L V
K E I T S S E L T H G U O H T
C L E G A L I S T I C C E Q V
O M A G N I V E I L E B S I D
M F H X O G N I R E D N A L S
```

SURLY

DISBELIEVING

SLANDERING

DISOBEDIENT

SELF-CENTERED

SEXUALLY IMPURE

MOCKING

SHORT-TEMPERED

MEDDLING

THOUGHTLESS

UNPREPARED

RICH

PHILOSOPHICAL

IGNORANT

LEGALISTIC

THINGS WE *Say* FROM THE BIBLE

Some of the sayings included here are either from the Bible, Scripture, the Book of Common Prayer or from Christian stories, traditions and practices that have been around for a very long time. Try using the "sweat of your brow" (Genesis 3:19) to find these terms in this word search.

```
B R O T H E R S K E E P E R S
A P R O M I S E D L A N D A P
E S R E H L Q A T S S E L L A
Y A H O R G D E Z E Y T A T Z
E M E E D I K Q P W O D H L V
Y J U G S C F A O F D W H H W
M D S L U T R E T E H B Z I I
F C A B T G O H R W T L T L T
O O O G R I E A X Q E M E L S
E A S U W E P L S N H X N S E
L O O M A H K L Z H P T M J N
P S J R Z C F K Y M E U I B D
P N T G N I A C G N I S I A R
A H Z Z H N E Z A N K Z E K F
```

RAISING CAIN

(be fruitful and) MULTIPLY

BROTHER'S KEEPER

PROMISED LAND

(Jacob's) LADDER

APPLE OF MY EYE

(at their) WIT'S END

(baptism by) FIRE

(old as the) HILLS

(drop in the) BUCKET

SOUR GRAPES

(spare the) ROD

SALT OF THE EARTH

ASHES TO ASHES

(O ye of little) FAITH

ULTIMATE *Prayers* OF THE BIBLE

The Bible contains many prayers, voiced by people in challenging predicaments. From Moses' prayer to be delivered from Egypt to Hannah's appeal for a son to Hezekiah's plea for his life, prayers are a way to ask God to intercede. Here are some famous biblical praying orators.

```
J O S H U A U I Q T S I R H C
S T E P H E N V L E U B K I H
N K V T D O O L M U J N N E N
O V C X A L D O X O F S Z P Y
M H V N N N D A H L S E P W U
O B L A I R E A V M K E W Z M
L L G W E V I R F I C R S Q O
O M L C L R G X A X D R Z K R
S H A Y A Z Y H V I J W J G O
E U N H W D Z H A I M E H E N
M Y C Y A J H A J I L E F H N
C E R N R R R Z K N O E D I G
Z A R B O J B L E H A N N A H
M Y U R A G Q A T N T B X J H
```

ABRAHAM   HANNAH   NEHEMIAH   CHRIST

MOSES   SOLOMON   JOB   MARY

JOSHUA   ELIJAH   HEZEKIAH   ZECHARIAH

GIDEON   DAVID   DANIEL   STEPHEN

ANSWERS

page 4 THE APOSTLES

page 5 MAJOR EVENTS IN THE BIBLE

page 6 WHO'S WHO IN THE BIBLE

page 7 BIBLICAL PROFESSIONS

page 8 MOMS AND DADS OF THE BIBLE

page 9 FAMOUS CHILDREN OF THE BIBLE

ANSWERS

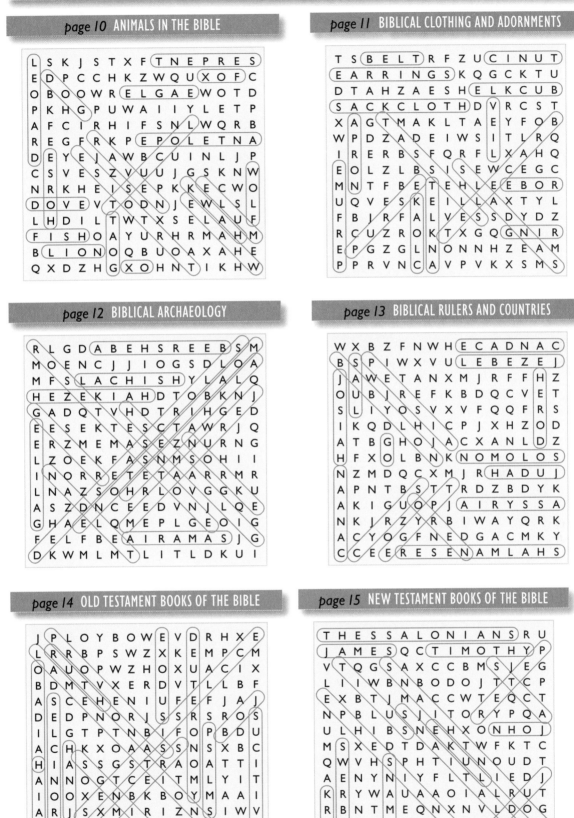

page 10 ANIMALS IN THE BIBLE

page 11 BIBLICAL CLOTHING AND ADORNMENTS

page 12 BIBLICAL ARCHAEOLOGY

page 13 BIBLICAL RULERS AND COUNTRIES

page 14 OLD TESTAMENT BOOKS OF THE BIBLE

page 15 NEW TESTAMENT BOOKS OF THE BIBLE

page 16 CITIES OF THE BIBLE

page 17 MONEY, WEIGHTS AND OTHER MEASUREMENTS

page 18 VILLAINS OF THE BIBLE

page 19 RIVERS AND WATERWAYS IN THE BIBLE

page 20 FOODS FROM THE BIBLE

page 21 MUSICAL INSTRUMENTS IN THE BIBLE

ANSWERS

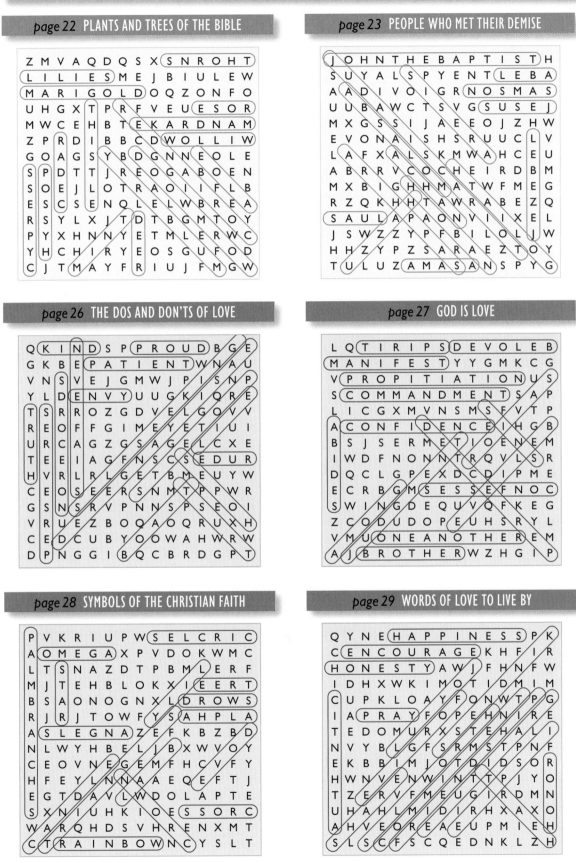

page 22 PLANTS AND TREES OF THE BIBLE

page 23 PEOPLE WHO MET THEIR DEMISE

page 26 THE DOS AND DON'TS OF LOVE

page 27 GOD IS LOVE

page 28 SYMBOLS OF THE CHRISTIAN FAITH

page 29 WORDS OF LOVE TO LIVE BY

ANSWERS

page 30 LOVE OF PRAYER

page 31 GOD SO LOVED THE WORLD...

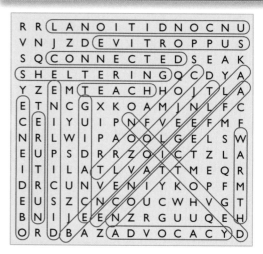

page 32 MARRIED LOVE

page 33 PARENTAL LOVE

page 34 THE FRUITS OF LOVE

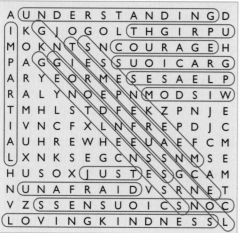

page 35 SPIRITUAL LOVE

ANSWERS

page 36 LOVE OF MUSIC

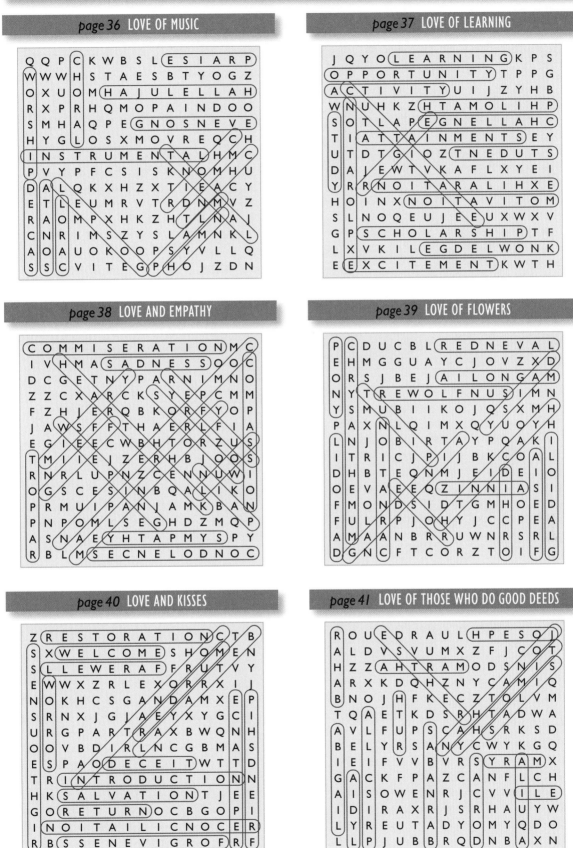

page 37 LOVE OF LEARNING

page 38 LOVE AND EMPATHY

page 39 LOVE OF FLOWERS

page 40 LOVE AND KISSES

page 41 LOVE OF THOSE WHO DO GOOD DEEDS

ANSWERS

page 42 LOVE OF NATURE

page 43 LOVE OF GOD'S PROMISES

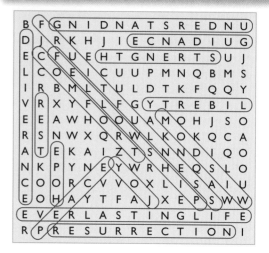

page 44 LOVE OF WORSHIP

page 45 LOVINGKINDNESS

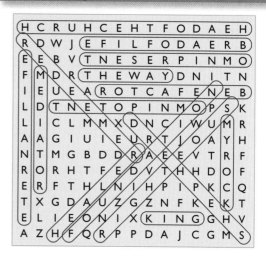

page 48 THE HEAVENS

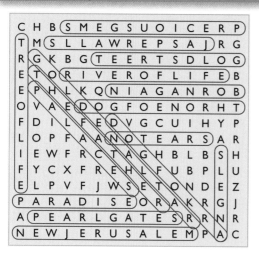

page 49 ANGELS

ANSWERS

page 50 PROPHETS

page 51 MIRACLES

page 52 THE SEASONS: SPRING

page 53 THE SEASONS: SUMMER

page 54 THE SEASONS: FALL

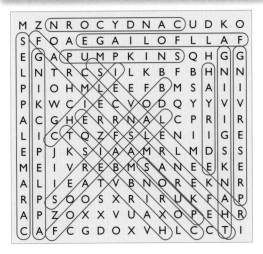

page 55 THE SEASONS: WINTER

ANSWERS

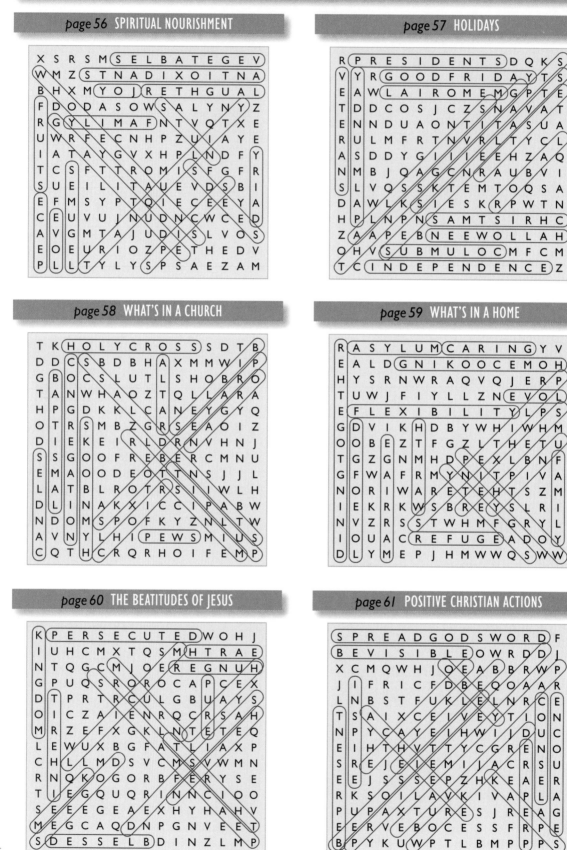

page 56 SPIRITUAL NOURISHMENT

page 57 HOLIDAYS

page 58 WHAT'S IN A CHURCH

page 59 WHAT'S IN A HOME

page 60 THE BEATITUDES OF JESUS

page 61 POSITIVE CHRISTIAN ACTIONS

ANSWERS

page 62 GOD LIGHTS THE WAY

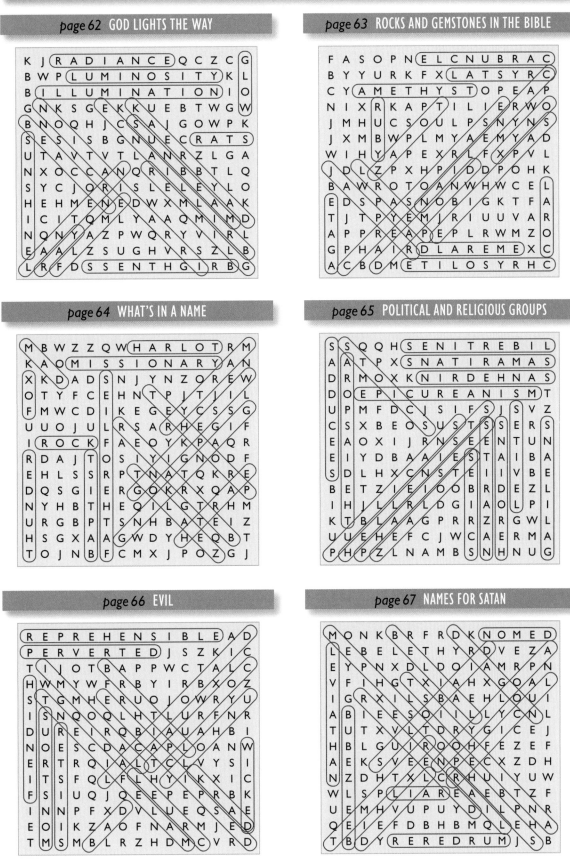

page 63 ROCKS AND GEMSTONES IN THE BIBLE

page 64 WHAT'S IN A NAME

page 65 POLITICAL AND RELIGIOUS GROUPS

page 66 EVIL

page 67 NAMES FOR SATAN

page 70 CHRISTIAN VIRTUES

```
R E S P O N S I B I L I T Y P
F M G O O D N E S S D T S R P
C A H H R F S X R I E P U P S
C U I S N K D A L M R D B A H
O W C T W H Y I P V E C A T E
M T Z K H S G E A N H Q R I K
P U Z A A E R P C A Y L B E I
A Y A K N A T E S T Y E K N N
S T N C N Z V T I T T G S C D
S E E C G Y I L I R V A W E N
I O E O I T I B U H F R D Z E
O N U C Y M O S Q E D U T J S
N O E O U R T I U R P O O B S
B H I H P Y T I R A H C S J S
```

page 71 SERVING GOD

```
C H T A B B A S E H T P E E K
F O R G I V E P R Q P H X R X
V F K O L O V E G H J A M Z E
O V G G U P T E O O C Y L N Q
L W M K Y V R T V Q L A C L Y
U R O G K A C P L I K O E K W
N D D H N Y U M I U Q N T Z
T D S S V G F A E R E L D C P
E U I W I Y F V A S Q D N B D
C W O O E I G L U P R A Y N
R B K J V G E E R U H R F Q V
A P E R E L P M A X E D O O G
N B E H C R U H C D N E T T A
L S S K S Y A S D O G S A O D
```

page 72 CHRISTIAN COURAGE

```
F U T I C O N Q U E R U D N E
O E C R D N O I T C I V N O C
R D X X U I U P L R C N I C S
T A E F R S M R I F D N A T S
I S Z D T L T U N U R V R G O
T U I R R Q Y I E B O E R O K
U R R A A E Z T N V N E P Q R
D E T U E B L X I G A M L W N
E Q T G H G M G T R O R Q W D
C E A N E N U H G R G D B E L
F V E O K I P W O U Y E G E U
B V F E A R O L A V R U T H B
E T E B T A W N Z P X T Z N N
F P D U I D F W B Q O E S E I
```

page 73 PROFILES IN CHRISTIAN COURAGE

```
V T Z R L L E W T A N A M O W
Q P R I S C I L L A Y M N H B
F E E S U M I S E N O K K L C
F Y A P O L L O S K I A I M A
V I M K S T J B P S U N T Q C
Y L T D J E S V M D D J U O S
O M Y X H E V U L B Y I R A S
A B D U J I C E O L N U U V
A T V H I Z V G H A E L S U B
N T G U P A G C S L H A N H F
H Y O G A U T I X N C D G N
A E R H R N T U A N D Y C C K
O W A H U Z S B A E F E U A R
J C M E S T P A U L U S A Y Z
```

page 74 TRUE MEANING OF KINDNESS

```
O D T O L E R A N C E S Y O S
A E G O E N O I T E R C S I D
B I E H E T A R E D I S N O C
S W N S U A E D U T I T A R G
S K T C E M W V Y H T A P M E
E Q L V L R B M T C E P S E R
N Y E O Z U E L L K P H P P Y
E S N Z O O S N E K E B E P N
V E F C J I N I N O C K F X
I T L T U B D V T A Y A Z
G R F Y G F L O X E Y S H R O
R U G N I M U S S A N U S P G
O O X S S E N S S E L F L E S
F C H D B N E R U S O P M O C
```

page 75 WHAT DOES KINDNESS LOOK LIKE?

```
S O U P K I T C H E N T J V F
Z R A N I R O O D D L O H O L
S O N C I V S J E T S B O O H
R T I O P G T Y U V O D C D B
E U M A I A M P O L P A T L Y
T Y L H A H O E N L E O E I S
T I C R I N U H T I M D E S M A
L A E N I Y R B I D T T I Z C
G R E S G A Y R L O N E L A P L
A E C S J A P N U N E F R P H
B T U D R M O L I X E J V R H
B I E Y O R O Y E F Q N J A W
S L L C J V M E T I L O P E B
```

ANSWERS

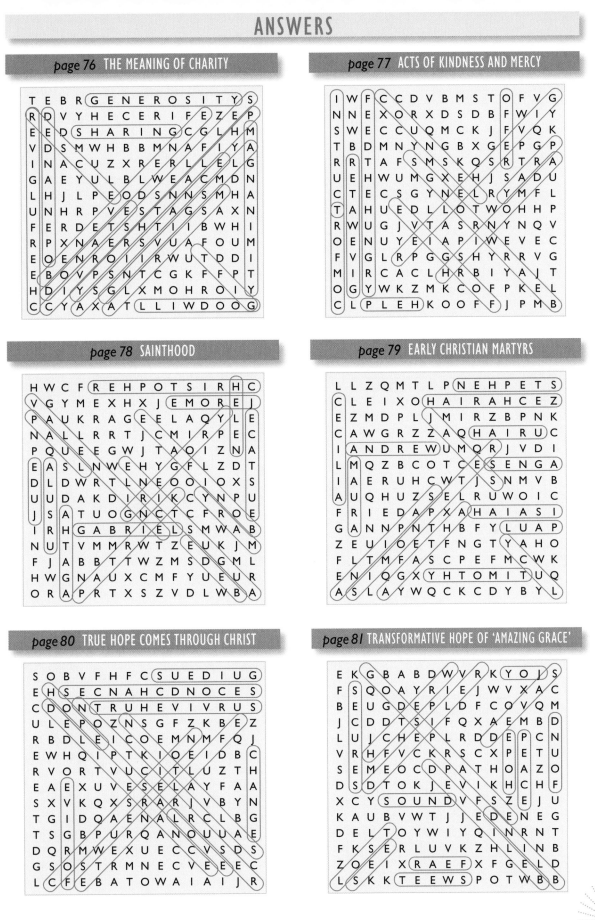

page 76 THE MEANING OF CHARITY

page 77 ACTS OF KINDNESS AND MERCY

page 78 SAINTHOOD

page 79 EARLY CHRISTIAN MARTYRS

page 80 TRUE HOPE COMES THROUGH CHRIST

page 81 TRANSFORMATIVE HOPE OF 'AMAZING GRACE'

ANSWERS

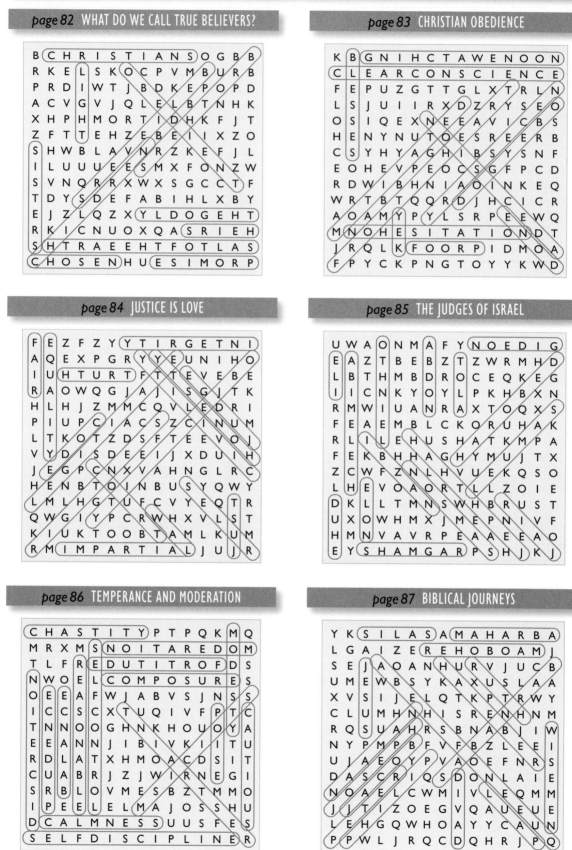

page 82 WHAT DO WE CALL TRUE BELIEVERS?

page 83 CHRISTIAN OBEDIENCE

page 84 JUSTICE IS LOVE

page 85 THE JUDGES OF ISRAEL

page 86 TEMPERANCE AND MODERATION

page 87 BIBLICAL JOURNEYS

READER'S DIGEST **LARGE PRINT RELIGIOUS** WORD SEARCHES

ANSWERS

page 88 COUNT YOUR BLESSINGS

```
L J H T A H F E N O Y B E N O
A W O R D W W Q Z J L L V T B
N H H K S N V Z D Y Q E R E I
G R V E K Y O C O W D S H M L
E P K I A P I C X N C S L P L
L E Y E L V Z R E U M I B E O
S N U Q G E E S O P F N N S W
D O N E P Z Y N G O M G J T S
K G L X M E C N E D P S D C D
Y T Z W N Y I Q P E T R R G N
M F N R J G V D Y S S V A W E
J W U U N O O S R S O C W C T
U O V I O C K P M O L I E A T
J Z S I W C K E S T L A R B A
```

page 89 THANKS BE TO GOD

```
T G R A C E A V X P T N X R Q
N J S F L A M E N V U K D E H
O O Y Z R E T S U X G H Y O O
I Y R T A T Y E W C J D J J O
T E H I P W R A G U N D N I C
A Y A B S N F N F O L I I C N
C D S U Z M I E I D L T N E A
I W U T G S P T V H A T S Q M
L N Z E S M A R P Z P E X G E
P O A E E C V O R J E P T Z H
P B L E O J W O R S H I P S E
U B T V A N O I T A T L A X E
S S N P W L H Y T H G I M L A
E I M X N O I T C I D E N E B
```

page 92 HALLOWED BE THY NAME

```
D R G W A I U D R E H P E H S
R I E B C L H N W P G B W Q M
K K V D Q G M T R M C X R Q A
G C C I E N B I S E T C E O S
K R A L N E O Z G O K M H V T
O E G U J I M Q H H H A T P E
S A U Y P B T E Q A T A A D R
S T W G M W C Y R H I Y F R Y
E O J I J G R E R E V I L E D
N R L L P C J V N D P V T V O
I M E S S I A H H A V O H E J
L V P G N I E B E M E R P U S
O R X S A V I O R K I N G J I
H H O L Y S P I R I T W P N Z
```

page 93 IN THE BEGINNING, GOD'S CREATION

```
Y D L N A M O W D N A N A M
A M A I Z M R W O S T N A L P
Z L J F G W E S D N Y O M B K
Y Y L G I H S U S I W A E F B
X L M C N P T J T G M I D U D
N S O L R P V T M H B Y L D H
U N O Q J E R G O T J S W S O
S I A N U W B A R S I H N Y Z Q
S A S Y N S M T T Y R D X K Y
E T V H P S R O U M D K N H S
O N H L T E S U Y R T H C A B
L U D T T R T F Y T E V J Y L
G O I A J Z A C F B R S A J D
O M W V T J C E S N O S A E S
```

page 94 OTHER NAMES AND TITLES FOR JESUS

```
D I W W I O C P N O I L U W M
W A A I M G C L J Y Y E J C S
A N S M T E I D O G F O N O S
O O M H B N D W R A F M I D X
X I E W T I E I T O V D N F B
L N Q A S D N S A M W P R R P
A T P X E O T E S T K E E I N
S E G T I G Q S T N O A H M E
T D D M R F H T J A D R D T N
A O N A I P O M T S U C Y Q X A
D A E G O H B K I H I P O V C H
A M E E Y G M N P T G R N V Z P
M E M F I A Y B U N I H T D L
L X O T H L Q F G Z I L C F A
```

page 95 SYMBOLS AND EMBLEMS OF CHRIST

```
V I N E P F M M B P M T O O R
J F W A N C H O R R G H C F R
Q W E C K Z T B V E C Q B O F
H Y A R X G O O W C D E C Q N
L Z G N E Z E Q H I N K S P F
E E L K C L Z E W O X U X U D
S Y E O P Z N G T U N Z Q K T
P P O M O R H S W S H G P N R
F K E T X P R U Q S F E L O U
J T W H T E V H T T H Y S I D
B X L H N E O D I O R E O L A
S C G R D Z R S R N C Y D Y E
A I O P O L Y U R E B W V O R
L C S O F S S Z Q I F L A C B
```

ANSWERS

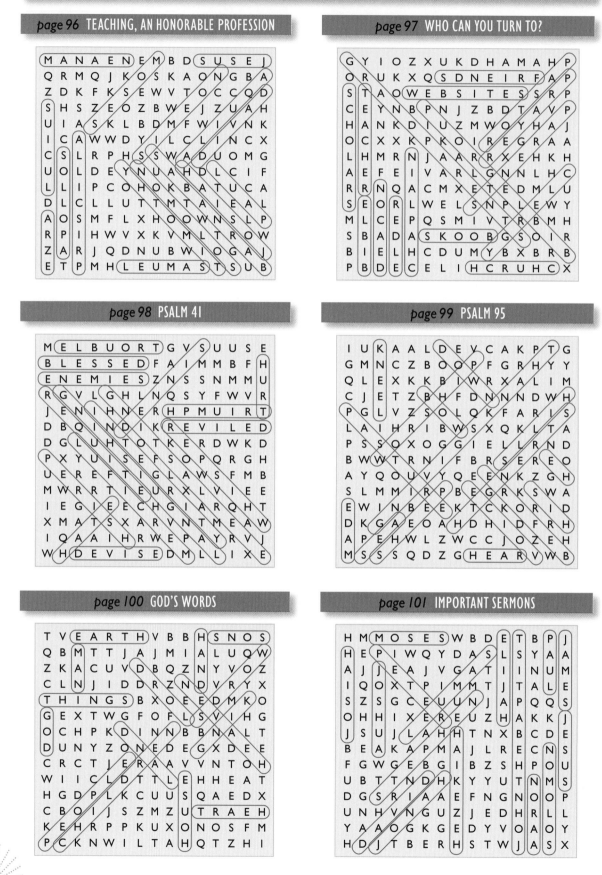

page 96 TEACHING, AN HONORABLE PROFESSION

page 97 WHO CAN YOU TURN TO?

page 98 PSALM 41

page 99 PSALM 95

page 100 GOD'S WORDS

page 101 IMPORTANT SERMONS

ANSWERS

page 102 DEADLY SINS

page 103 GALATIANS 6

page 104 GIFTS FROM THE HOLY SPIRIT

page 105 PSALM 119, THE WORD OF GOD

page 106 PSALM 19, IN CELEBRATION OF GOD

page 107 PLACES JESUS VISITED

ANSWERS

page 108 TYPES OF FEASTS IN THE BIBLE

page 109 TYPES OF FOOLS IN THE BIBLE

page 110 THINGS WE SAY FROM THE BIBLE

page 111 ULTIMATE PRAYERS OF THE BIBLE

Reader's Digest Large Print Religious Word Searches
Copyright © 2020 Trusted Media Brands, Inc.
All rights reserved. Unauthorized reproduction, in any manner,
is prohibited.
Reader's Digest is a registered trademark
of Trusted Media Brands, Inc.
ISBN 978-1-62145-510-3

Images: Shutterstock

We are committed to both the quality of our products and the
service we provide to our customers.
We value your comments, so please feel free to contact us.

Reader's Digest Adult Trade Publishing
44 South Broadway
White Plains, NY 10601

For more Reader's Digest products and information,
visit our website: **www.rd.com** (in the United States)
www.rd.ca (in Canada)

LARGE PRINT RELIGIOUS WORD SEARCHES

PROJECT STAFF

Project Editor Pamela Johnson
Proofreader Joan Page McKenna
Graphic Designer Olena Lytvyn

TRUSTED MEDIA BRANDS

President and Chief Executive Officer Bonnie Kintzer

Printed in China   1 3 5 7 9 10 8 6 4 2